KB269851

한반도 통일과
통일윤리

한반도 통일과
통일윤리

한반도 통일과
통일윤리

박삼경 지음

열린書院

| 국문초록 |

　　본 논문은 자서전적이고 이념적인 이야기로부터 시작한다. 한국의 통일윤리를 세우기 위해 학생 민주화운동에서 경험한 저자의 개인적이고 신앙적인 전이와 함께 한국 신학들인 민중신학과 상생신학 그리고 통일신학을 분석한다. 민중신학에 나타난 해방의 의미란 정의에 기초한 사회를 건설하는 것이다. 정의로운 평화로 통일된 국가를 이루기 위해 어떤 결정함에 있어서 모든 사람들이 참여할 수 있는 정치적이고 사회적인 구조를 창출하는 것이다. 민중신학자로서 서남동과 안병무 그리고 김용복 등을 연구한다. 상생신학의 핵심개념인 해원-상생에 의하면 통일은 화해를 뜻하며 이는 분단으로 축척된 민족의 한을 푸는 것을 의미한다. 상생신학자로서 박종천과 홍정수를 연구한다. 통일신학에서 보면 통일이란 기독교적인 관점에서 다양성 가운데 일치를 추구하는 한 공동체를 이루는 것임을 알아본다. 통일신학자로서 박순경과 문익환 그리고 노정선 등을 연구한다.

　　본 논문은 신학-윤리적인 성찰들 가운데, 한국의 민중신학에서의 해방과 상생신학의 해원-상생, 그리고 통일신학의 공동체라는 개념을 남미의 신학-윤리학자들인 구스타보 구티에레쯔(Gustavo Gutierrez),아다 마리아 이사스 디아즈(Ada Maria Isasi-Diaz), 그리고 레오나르도 보프

(Leonardo Boff)등의 이론들로 새롭게 조명하면서 21세기의 정의로운 평화의 조국통일을 이루기 위한 본질적인 통일윤리의 가치들로 해방과 화해, 그리고 새로운 일치를 위한 공동체(communion community)등을 제안한다. 이러한 신학-윤리적인 성찰들은 한 민족의 새로운 통일공동체를 형성하는 데 있어서 모든 한국 사람들이 주도적으로 참여하는 데 있어 그 동인이 될 것을 보여준다.

본 논문 마지막 장에서 한국 통일운동의 역사를 짧게 살펴보고 한국교회의 역할을 제시한다. 통일 운동사에서 남북한의 온전한 통일윤리를 향하여 북한의 주체사상을 어떻게 이해하는 것이 필요함을 알아본다. 끝으로 새로운 통일 윤리는 정의로운 평화가 되어야 한다. 통일윤리는 단지 정치적으로 남한과 북한을 하나의 나라로 통합하려는 것에 제한되지 않으며 보다 더 인간적인 정의롭고 평화로운 나라로 함께 서로가 상생할 수 있는 새로운 사회를 건설하는 것을 추구한다. 즉 분단과 분열은 곧 죄임을 기독교윤리의 관점에서 설명하고 그 분단이라는 죄에서의 해방과 서로간의 치유와 화해를 통한 진정한 일치와 상생의 한 공동체를 이루는 것이 조국 통일운동에 있어서 교회의 역할이 되어야 한다는 것을 역사적인 기록물을 통해 살펴본다.

| 목차 |

국문초록 _ 4

감사의 글 _ 9

서론 _ 11

  역사적 배경 _ 12

  논문의 목표 _ 17

  논문의 개요 _ 19

제 1부 _ 방법론: 자서전적 이념 이야기

  1. 자서전적 여정 _ 30

    1) 기독교 신앙 형성 _ 31

    2) 패러다임 전환 _ 33

  2. 정의에 대한 이해를 위한 출발점: 억압/불의 _ 36

    1) 착취 _ 37

    2) 주변화 _ 39

    3) 무력함 _ 40

    4) 문화 제국주의 _ 42

    5) 폭력 _ 43

  3. 신학과 윤리에서 이데올로기 의미와 역할 _ 44

    1) 칼 마르크스의 이데올로기 이해 _ 45

    2) 알로이시우스 피에리스 _ 47

    3) 후안 루이스 세군도 _ 51

  결론 _ 55

제2부 _ 한반도 통일과 민중신학

1. 라틴 아메리카 해방신학의 해방 _ 59
    1) 사회 해방 _ 63
    2) 인간 해방 _ 65
    3) 종교적 해방 _ 67

2. 민중신학의 해방 _ 68
    1) 민중신학 주요 내용 _ 69
    2) 민중신학 해방 의미 _ 74
    3) 민중신학 종교 문화적 요소 _ 77

3. 해방과 하나님의 나라 _ 80

4. 결론 _ 86

제3부 _ 한반도 통일과 상생신학

1. 아다 마리아 이사시-디아즈의 화해 패러다임 _ 91

2. 해원·상생 사상 _ 96

3. 상생 신학 주요 요소 _ 103
    1) 해원(원한·해소) _ 98
    2) 상생(생명 나눔) _ 99

4. 상생 윤리: 화해와 치유 _ 106
    1) 홍정수 _ 107
    2) 박종천 _ 110
    3) 정경호 _ 113

5. 결론 _ 115

제 4부 _ 한반도 통일과 통일 신학

1. 레오나르도 보프의 공동체/친교(일치) _ 119

2. 통일신학 주요 요소: 공동체와 일치 _ 125
   1) 박순경 _ 126
   2) 문익환 _ 130
   3) 노정선 _ 133

3. 통일신학 윤리적 요소들 _ 135

4. 결론 _ 143

제 5부 _ 한반도 통일과 교회 역할

1. 민중 · 상생 · 통일신학 요소들 _ 146

2. 북한 주체사상 _ 147

3. 한반도 통일 운동 _ 150

4. 기독교 교회와 한국 통일 _ 157
   1) 제 1차 글리온 대회 _ 158
   2) 제 2차 글리온 대회 _ 159
   3) 재 3차 글리온 대회 _ 161
   4) 제 4차 글리온 대회 _ 162
   5) 21세기 만남 _ 162

5. 한국 통일 윤리를 향하여 _ 163

부록 _ 167
참고문헌 _ 219

이 논문을 쓰는 동안 나는 '영원한 자아'를 경험하며 내 삶의 궁극적인 관심사를 깊이 파고들고, 내가 누구인지 다시 생각해 보게 되었습니다. 인류는 정의와 해방을 향한 여정을 계속하고 있습니다. 나보다 앞서 길을 닦아주신 분들께 성의를 표합니다. 나는 그분들께 큰 빚을 지고 있습니다. 정의와 해방을 위해 투쟁했던 친구들을 기리며, 나는 한국 통일에 깊은 관심을 가져왔습니다. 내 연구가 한국 통일 운동에 조금이나마 기여할 수 있기를 바랍니다.

먼저, 지난 10년간 이사시-디아즈 아다 마리아 교수님께 가르침과 지도를 아낌없이 베풀어 주신 데 대해 진심으로 감사드립니다. 교수님의 지도 없이는 이 단계에 이르지 못했을 것입니다. 교수님의 진심 어린 마음, 예리한 지성, 그리고 학문에 대한 열정은 내가 이 자리에 설 수 있도록 끊임없이 격려해 주셨습니다. 교수님께 배울 수 있었던 것은 하나님의 은혜이며, 교수님의 제자가 된 것은 나에게 큰 영광이자 특권입니다. 그녀의 멘토링은 나의 커리어 전반에 걸쳐 큰 도움이 될 것입니다.

또한, 논문을 발전시키도록 격려해 주신 마두로 오토 박사님께도 감사의 말씀을 전하고 싶습니다. 박사님은 풍부한 지식과 깊은 통찰력으로 내 연구를 아낌없이 지원해 주셨습니다. 특히 마르크스와 엥겔스에 대한 강의는 나에게 정의롭고 인간적인 하나의 사회를 꿈꾸도록 이끌어 주었고, 그 가르침은 잊을 수 없습니다. 손 안젤라 박사님께도 깊은 감사를 드립니다. 박사님은 한국에 대한 깊은 이해와 관심을 비탕으로 내 논문에 큰 도움을 주셨습니다. 박사님은 내 논문 주제를 더욱 명확하게 다듬도록 이끌어 주셨고, 우리 아이들 세대를 위한 한국 통일의 비전을 제시해 주셨습니다.

나는 특히 드류 대학교에서 공부하는 동안 영어 실력을 향상시키도록 도와주신 브라운 캐서린 교수님께 깊은 감사를 드립니다. 교수님은 항상 친절과 진심 어린 도움으로 나를 격려해 주셨습니다. 또한 구두 발표를 준비할 수 있도록 논문을 여러 번 검토해 주신 마틴 던 선생님께도 감사드립니다.

나는 사랑하는 아내와 아들 그리고 딸, 그리고 두 형님들의 가족, 그리고 처제 가족과 처남을 비롯한 모든 가족들에게 깊은 빚을 졌습니다. 특히 어머니님께 깊은 존경을 표합니다. 또한 돌아가신 아버지와 장인어른과 장모님에게도 깊은 존경을 표합니다. 그분들의 사랑이 없었다면 내가 이 자리에 설 수 없었을 것입니다. 그분들이 항상 내 마음속에 함께 계셔서 너무나 행복합니다. 마지막으로, 끊임없이 나를 인도하시고 빚어주시는 하나님께 깊이 감사드립니다.

서론

한국 통일의 윤리는 한국 분단의 결과로 나타난 억압, 착취, 지배의 문제들을 밝혀내야 한다. 이 분단은 남북한 사회 모두에 존재하는 구조적 악의 주요 원인 중 하나이다. 남북한 간의 군사적 경쟁, 상호 불신, 상호 비방, 적대감의 지속적인 고조는 이러한 구조적 악을 만들어 내고 유지시켜 왔다. 기독교적 관점에서 볼 때, 한반도 분단은 많은 사람들에게 고통을 안겨주었을 뿐만 아니라, 남북한 사회에 불의한 체제를 만들고 유지하는 데 기여했기 때문에 죄악이다.

1. 역사적 배경[1]

한반도 통일에 대한 간략한 설명을 시작하기에 앞서 반드시 고려해야 할 사항은 이 통일 작업의 목표가 '한국의 재통일'에 관한 것이라는 점이다. 통일은 한국 역사 전반에 걸쳐 존재해 온 한 나라의 복귀를 의미한다. 통일에 관해 이야기하는 것은 본래적 하나의 나라였던 것을 되돌아보고, 한반도의 분단에 대한 책임이 누구에게 있는지에 대한 분석을 필요로 한다.

한국의 분단은 1905년으로 거슬러 올라간다. 그해 7월, 미국 육군 장관 윌리엄 하워드 태프트는 당시 일본 총리였던 가쓰라 다로 백작과 비밀 협정을 맺었다. 이 비밀 협정에 따르면, 일본이 필리핀에 대한 미국의 지배권을 인정할 경우, 미국은 일본의 한국 점령을 지지하기로 한다는 내용이었다. 1905년 8월, 영일 동맹이 재협상 되었을 때, 영국은 일본이 한국에 대한 '지도, 통제, 보호'를 위해 적절한 조치를 취할 권리를 인정했다.[2] 1905년 9월, 일본과 러시아는 포츠머스 조약에 서명하여 러일 전쟁을 종식시켰다. 이 조약에 서명함으로써 러시아는 일본이 한국에 대한 정치적, 경제적, 군사적 지배권을 갖는 데

---

1) 모든 역사가 그렇듯, 이 글의 내용은 나의 개인적인 세계관에 의해 영향을 받았다. 내 의도는 한국 전쟁과 한반도 분단으로 이어진 배경을 간략하게 설명하는 것이지, 어느 한쪽을 비난하거나 옹호하려는 것이 아니다.

2) Lee Ki-baik, *A New History of Korea* Translated by Edward W. Wagner with Edward J. Shultz (Cambridge, Massachusetts: Harvard University Press, 1984), 309. For Taft and Katsura agreement, see also, Stanley Sandler, *The Korean War: No Victors, No Vanquished* (Lexington, Kentucky: The University Press of Kentucky, 1999), 20; William Stueck, *The Korean War: An International History* (Princeton, NJ: Princeton University Press, 1995), 13. 참조. 이기백, 『한국사 신론』(일조각, 2008).

동의했다.3)

1905년 11월, 태프트-가쓰라 협정과 일본의 러시아에 대한 승리로 성립된 을사늑약, 즉 을사늑약은 한국의 주권을 사실상 박탈했다. 이 조약은 5명의 한국 대신이 서명했지만, 고종 황제와 한규설 총리, 그리고 이하영 법무부 장관과 민영기는 서명하지 않았다. 고종 황제는 영국, 프랑스, 러시아, 독일 등 주요 강대국에 일본의 이러한 조치에 대한 지원을 호소했다. 1907년 고종은 을사늑약에 항의하기 위해 제2차 헤이그 만국 평화 협정에 밀사를 파견했지만, 한국은 헤이그 협정에 참여할 수 없었다.4) 일본은 1907년 7월 고종 황제를 강제로 사임시키고 그의 아들 순종에게 왕위를 물려주었다. 고종이 퇴위한 후, 이완용이 한국의 총리가 되어 1910년 8월 22일 한일 합병 조약에 서명했다5).

1905년에서 1910년 사이에 한국인들은 일본에 저항하려 했지만 실패했다. 이 때 가장 중요한 것은 대부분 저항했던 사람들이 농민, 해산된 한국군 병사들, 그리고 애국 문인들로 구성된 "의병"이었다는 것이다.6) 이 의병, 즉 게릴라들은 국민의 지원을 받았고 그들은 일본군 주둔지를 공격하고 철도를 파괴했다. 일본의 강점기 동안, 훗날 제

---

3) 위의 책.

4) http://www.reference.com/browse/Eulsa%20Treaty. 한국과 일본 모두 1965년에 을사늑약을 "이미 무효"로 선언했다는 점에 유의해야 한다.

5) Bruce Cumings, *Korea's Place in the Sun: A Modern History*, (New York, NY: W.W. Norton & Company, Inc., 1997), 145.

6) 위의 책., 146. 한국인들이 일본에 대항하여 시도했던 일들에 관하여, William Stueck, The Korean War: *An International History* (Princeton, NJ: Princeton University Press 1995), 14; Lee Ki-baik, 316.

2차 세계 대전 이후 중요한 역할을 하게 될 두 개의 세력이 형성되었 는다. 그중의 하나는 1919년 4월 상하이에 설립된 대한민국 임시 정 부였고, 다른 하나는 1925년 서울에서 비밀리에 조직된 조선 공산당 이었다.[7]

제2차 세계 대전이 끝날 무렵, 미국과 소련은 독일과 일본으로부터 해방시킨 국가들에 영향력을 확대하려는 의도를 갖고 있었다. 미-소 협정에 따라 소련은 미국이 히로시마에 원자폭탄을 투하한 지 이틀 후, 나가사키에 또 다른 원자폭탄을 투하하기 하루 전인 1945년 8월 8일 대일 선전포고를 했다. 선전포고의 일환으로 소련군은 즉시 만주 를 침공하고 한국을 향해 남진하기 시작했다. 소련군은 미국과 이전 에 맺었던 38도선 이북의 일본군이 소련군에 항복한다는 합의에 따라 진격을 중단했다.

소련군은 자신들에게 우호적인 한국 정부가 수립될 때까지 나라를 통치하기 위해 "소련 민정청"을 설립했다. 소련은 만주에서 청소년기 를 보내고 한국에서 일본군에 대한 게릴라전에 참여했으며 소련군 대 위로 한국에 입성했던 김일성을 선택했다. 1946년 2월, 김일성은 임 시 정부인 북한 임시인민위원회의 수장이 되었다. 그리고 소련군은 1948년 북한을 떠났다[8]. 한편 미국은 소련군이 만주를 침공하여 한 반도로 진격하는 동안, 소련이 한반도 전체와 일본을 점령하는 것을 우려하여 급히 미 점령 지역을 설정했다.

---

7) Cumings, *Korea's Place in the Sun: A Modern History*, 159.
8) 한국전쟁에서 소련의 역할에 관하여 Sandler, 27-28과 Stueck, 21-27을 참조함.

1945년 8월 초부터 마지막 일본 총독은 여러 영향력 있는 한국인들과 접촉하여 정부 이양을 위한 협상을 진행했다. 1945년 8월 15일, 일본이 연합군에 무조건 항복하기로 합의한 날, 온건 좌파 정치인 여운형이 서울에서 정부를 인수하기로 합의했다. 1945년 9월 6일, 도쿄만에 정박한 미주리호에서 더글러스 맥아더 장군에게 일본이 공식 항복한 지 나흘 후, 서울에서 대표자 회의가 열렸고, 일본이 항복한 지 불과 3주 만에 "현대적인(modern)"9) 한국이 탄생했다. 당시 정부는 주로 좌파였는데, 이는 많은 저항 세력이 공산주의적 성향을 가지고 있었기 때문일 수도 있다. 바로 다음 날, 맥아더 장군은 존 하지 중장이 한국 문제를 담당한다고 발표했다. 하지 장군은 1945년 9월 9일, 병력을 이끌고 인천에 상륙했다.

1945년 12월, 미국과 소련은 미소 공동위원회의 감독하에 한국을 통치하기로 합의했다. 한국을 5년간의 국제적 감독 후 독립을 하기로 했다. 한국인들은 그러한 합의에 동의하지 않았으며, 자치권 획득을 지연시키려는 어떠한 시도에도 강력하게 항의했다. 남한에서는 격렬한 시위가 발생했다.10) 미 점령 당국은 여운형이 이끄는 정부를 공산주의로 간주하여 인정하지 않았다. 대신, 그들은 일본이 한국을 점령한 후 미국으로 망명 생활을 하다 한국으로 돌아온 이승만을 수장으로 하는 정부를 세웠다. 이승만은 1919년부터 1925년까지 한국 임시정부의 대통령을 지냈으며, 당시 임시정부는 그가 권한을 남용했다는

---

9) 내가 "근대"라는 용어를 사용하는 이유는 이것이 제국 시대의 한국으로의 회귀가 아니라 민주적인 정부 형태를 채택한 국가를 의미하기 때문이다.
10) Lee, 376; Stueck, 22.

이유로 탄핵했었다. 1948년 8월, 미군은 한반도에서 철수했다.

미군과 소련군이 모두 철수했지만, 두 임시정부의 이념적 간극은 점점 더 벌어지고 있었다. 1948년부터 1950년 6월 25일 한국전쟁이 발발할 때까지 남북한 군대는 국경선을 따라 수많은 유혈 충돌을 벌였다. 1950년 북한은 38선을 넘어 남한을 공격하면서 한국전쟁이 시작되었다. 그러나 1945년 이후 한국의 상황은 미국과 소련의 관계와 분리해서 생각할 수 없다. 두 나라 관계의 급격한 악화는 한국전쟁으로 이어지는 상황에 지대한 영향을 미쳤다.

그리고 또 다른 중요한 역사적 고려 사항은 한국전쟁 당시 중국이 북한을 지원하게 된 배경과 관련된 문제이다. 이는 다양한 이유로 인하여 복잡한 사안이다. 각 의견에 부여되는 중요성은 인용되는 역사학자의 관점에 따라 달라진다. 다음은 주요 논점이다.

마오쩌둥은 "미국에 대한 반제국주의 운동"11)을 수행해야 한다고 느꼈으며, 중국이 베트남이나 대만보다 한국에서 이 운동을 하는 것이 더 낫다고 판단했다는 증거가 있다. 베트남이나 대만에서는 중국군에 필요한 보급품을 더 먼 곳까지 운반해야 하는 문제가 발생하기 때문이다.12) 또한 스탈린이 장제스 정부를 승인했기 때문에 소련과 마오쩌둥 사이의 긴장된 관계도 중요한 요인으로 작용했다. 중국의 북한 지원 문제도 1950년 중소 우호 조약 체결에 영향을 미쳤을 가능성이 있다.13) 마오쩌둥은 "중국 혁명과 항일 투쟁에서 수많은 한국인

---

11) Hao Yufan and Zhai Zhihai, "China's Decision to Enter the Korean War: History Revisited," *The China Quarterly* No. 121 (1990), 97.
12) 위의 책. 106.

들이 희생했기에" 한국인들을 도와야 할 의무감을 느꼈던 것으로 보인다.14) 마침내 미군을 주축으로 한 유엔군이 북한으로 진입하자 중국은 진격하는 연합군이 북한과 중국 국경에서 멈추지 않고 중국 본토까지 올지도 모른다는 우려를 했다.15)

1991년 이후 소련 기록 보관소에 대한 접근이 가능해지면서, 소련이 1950년 6월 25일 한국전쟁의 발발을 알린 공격을 명령한 것이 아니라, "김일성이 스탈린을 설득하여 한국 통일을 위한 공격을 지지하게 했다"는 사실이 분명하게 드러났다.16) 수십만 명의 목숨을 앗아간 후, 1953년 7월 27일 휴전 협정이 체결되었다. 엄밀히 말하면 한국전쟁은 아직 끝나지 않았다.

2. 논문의 목표

통일은 어떤 윤리적 이해를 바탕으로 이루어져야 하는가? 한반도 통일 윤리의 핵심 요소는 무엇인가? 본 논문에서는 민중신학, 상생신학, 통일신학17)이라는 세 가지 한국 신학을 연구하고, 해방, 화해, 공

---

13) Lester H. Brune, "Recent Scholarship and Findings about the Korean War," *American Studies International* 36, 3 (1998), 3.
14) Bruce Cumings, *Korea's place in the Sun*, 284.
15) Yufan and Zhihai, 100−101.
16) Brune, 1.
17) 민중이라는 용어는 사람을 뜻하는 민(民)과 대중을 뜻하는 중(衆)의 두 글자가 합쳐진 것이다. 상생이라는 단어는 서로라는 뜻의 상(相)과 생명을 뜻하는 생(生)으로 이루어져 있다. 통일이라는 단어는 함께 모인다는 뜻의 통(統)과 하나를 뜻하는 일(一)로 이루어져 있다.

동체(일치) 등 주요 요소들을 탐구한다. 본 글의 기여는 민중 신학과 상생 신학이 통일 윤리에 어떤 기여를 할 수 있는지를 고찰하는 것이다. 또한 통일 신학의 핵심 이해, 즉 통일은 단순히 하나의 국가를 건설하는 것이 아니라, 한민족 공동체를 건설하는 것으로 이해되어야 한다는 점을 제시한다. 이러한 공동체 이해의 근간에는 민중신학에서 비롯된 깊은 정의감과 상생신학에서 비롯된 원한-해소(화해) 정신이 자리 잡고 있다. 본 글의 목표는 단일한 정치적 단위를 건설하는 작업뿐 아니라 모든 사람이 평화롭고 정의롭게 공존할 수 있는 새로운 사회를 건설하는 데에도 지침이 될 통일 윤리를 제시하는 것이다.

이러한 목표를 향해 나아가기 위해서는 한국 통일이 정치적 억압, 경제적 착취, 그리고 문화 제국주의를 극복해야 한다. 이러한 목표는 모든 사람의 가치와 존엄성을 증진하는 민족 통일을 가져올 것이며, 이는 기독교적 관점에서 모든 사람이 하나님의 형상대로 창조되었다는 믿음에 기반한다. 21세기 초, 한국 기독교 통일 윤리는 남북한에 존재하는 불의를 해결하고, 남북한 사이에 쌓인 원한을 해소하여 화해를 이루며, 다양성을 보존하는 공동체의식을 형성해야 한다. 1970년대부터 현재까지 한국에서 발전해 온 민중신학, 상생신학, 그리고 통일신학은 고통스러운 분단을 어떻게 종식시킬 것인가에 대한 질문에 기여하고자 하는 시도의 지침이 되어줄 것이다.

이 글에서 제안하는 한반도 통일 윤리는 민중신학, 상생신학, 그리고 통일신학에서 구체화된 한국 문화와 역사의 요소들을 기반으로 한 한반도 통일 운동을 전개한다는 점에서 중요하다. 한반도 통일을 특히 민중신학을 비롯한 해방신학에서 개념화된 정의(jusfice)의 문제로 이해한다. 이 논문의 제안은 통일 운동에 참여하는 모든 사람들에게 유용할 것이라고 생각한다. 하지만 특히 이 논문의 주요 독자는 한국 교회이다. 어떤 교회들은 통일 운동에 참여하지만 명확한 신학 윤리적 틀을 갖추지 못하고 있다. 또 어떤 교회들은 통일 운동을 예수 그리스도 복음의 핵심 메시지인 정의의 요소로 보지 않기 때문에 참여하지 않는다. 본 글이 제안하는 한반도 통일 윤리는 통일운동에 참여하는 한국 교회들의 사역에 든든한 기반을 제공하고, 참여하지 않는 교회들에게는 동기를 부여할 수 있을 것이라고 생각한다.

간단히 말해, 본 논문의 핵심 주장은 정의가 통일운동의 본질적인 요소이다. 구스타보 구티에레스, 아다 마리아 이사시-디아스, 레오나르도 보프라는 세 명의 해방신학 및 윤리학자의 관점을 통해 다양한 한국 신학들을 분석한 결과, 해방, 원한-해소(화해), 그리고 공동체 형성 등, 이 모든 것들이 정의의 본질적인 요소들이며, 한반도 통일 윤리의 중심 요소가 되어야 한다.

3. 논문의 개요

민중신학은 1970년 박정희 독재정권에서 야기된 억압적인 한국 상황에서 시작되었다. 민중신학의 주된 관심사는 가난과 억압으로부터의 민중의 해방이다. 본 논문은 민중신학 1세대 신학자들로서 서남동과 안병무 그리고 김용복 등을 연구한다. 상생신학은 한국의 토착화 된 종교적인 사상에 연원을 둔 신학으로 1980년 홍정수와 박종천에 의해 제안되었다. 상생신학의 주된 초점은 화해이다. 한국 민족의 한 을 풀고 통일된 나라의 정의를 세우기 위한 주요한 한 방법으로 화해 를 말한다. 통일신학은 1980년 통일에 대한 대화의 물꼬들이 점차 트 이면서 그 결과물로서 등장하기 시작했다. 통일신학의 핵심은 남한과 북한은 한 민족으로서 다시 하나가 되어야 하며 그 통일된 사회는 어 떠해야 하는가에 있다. 통일신학자로서 박순경과 문익환 그리고 노정선 등을 연구한다.

본 논문은 민중신학의 해방과 상생신학의 해원-상생, 그리고 통일 신학의 공동체라는 개념들을 신학-윤리학자로서 구티에레쯔,18) 이 사스-디아즈,19) 그리고 보프20) 등의 이론들로 분석한다. 폴 틸리히 의 '상관관계의 방법'과21) 해방신학22)에서 사용하는 방법론을 기반 으로, 나는 한반도의 정치적 사회적 현실과 이 세 명의 신학-윤리학

---

18) Gustavo Gutiérrez, *The God of Life* (Maryknoll, NY: Orbis Books, 1991); A Theology of Liberation; *The Power of the Poor in History* (Maryknoll, NY: Orbis Books, 1983).

19) Ada María Isasi-Díaz, "Reconciliation: A Religious, Social, and Civic Virtue" Journal of Hispanic/ Latino Theology (May, 2001): 5-36; La Lucha Continues: Mujerista Theology (Maryknoll, NY: Orbis Books, 2004); En La Lucha: In the Struggle.

20) Leonardo Boff, *Trinity and Society* (Maryknoll, NY: Orbis Books, 1988).

21) 상관관계 방법은 인간의 질문과 하나님의 답변을 함께 다룬다. 이 방법은 "실존적 인 질문들과 신학적인 답변들의 서로 상호관련 속에서 그리스도인의 신앙의 내용 들을 설명하는 것이다." Paul Tillich, *Systematic Theology* Vol. I., (Chicago: The University of Chicago Press, 1951), 60.

22) Gustavo Gutiérrez, *A Theology of Liberation: History, Politics, and Salvation* 15th anniversary ed. (Maryknoll, NY: Orbis Books, 1988), Introduction and Chapters 1-5; Ada María Isasi-Díaz, *En La Lucha-In the Struggle: Elaborating a Mujerista Theology* 2nd ed. (Maryknoll, NY: Orbis Books, 2003). Introduction and Chapters 1-3.

자들이 정교하게 설명한 해방신학의 하나님 나라에 대한 이해, 화해, 그리고 공동체에 대한 이해를 결합시킨다. 동시에 나는 상관관계의 방법을 사용하여 이 세 가지 기독교적 이해를 민중·상생·통일신학들에서 나오는 요소들과 대화한다. 예를 들면 틸리히의 상관관계 방법이 실존적인 질문들에게 신학적인 대답들을 주는 것처럼, 한국의 현상황의 문제점들로부터 신학—윤리적인 해답들이 무엇인가를 찾아보며, 하나님 나라와 화해 그리고 공동체들에 대한 해방신학자들의 이해들을 살펴봄으로 분단된 조국의 현실의 미래를 보다 더 정교히 내다 볼 수 있게 한다.[23] 이런 대화들은 정의롭고 평화로운 한국 통일의 미래 사회를 세우는 데 역사적인 중요한 한 프로젝트(project)를 이루는 도움이 되리라 본다. 아울러 통일 윤리를 세우는 중요한 토양 성분들이 될 것이다. 모든 억압과 가난에서의 해방, 분단된 민족의[24] 한을 푸는 화해 그리고 다양함을 존중하면서 일치를 이루어가는 하나의 통일된 새로운 공동체를 이루는 것들이 통일윤리의 내용이다.

세 요소들 중의 첫 번째인 가난과 모든 억압에서의 해방은 민중신학에서 발견된다. 1970년대와 80년대의 남한 군부의 독재에 대항하여 일어난 민주화운동과 사회정의를 위한 기독교인들의 저항들로부터 민중신학은 태동되었다. 민중신학은 해방신학과 맥을 같이하여 가난한 자들의 인식론적인 특권과 사회 부조리에 대한 즉각적인 인식 등을 주장한다. 이는 축척된 역사적인 경험들에서 기인된다. 민중신

---

23) Tillich, 60.
24) 민족이라는 용어는 '민'(사람들)과 '족'(가족)으로 이루어져 있다.

학이 말하는 가난한 자의 중요한 개념은 경제적으로 뿐만 아니라 민족 그리고 인종적으로 억압받는 모든 자들에게까지 확대되며 포함한다.

민중신학자들 가운데 1세대로서 서남동, 안병무 그리고 김용복의 글들은 해방과 하나님 나라와의 관계를 살펴보는 데 큰 도움을 준다. 서남동에 의하면 하나님의 나라란 민중 민주주의를 통하여 평등과 자유를 구현할 수 있는 사회를 의미한다. 안병무는 하나님 나라에 참여한다는 것은 평등한 사회로 되돌아가는 것을 뜻한다. 김용복의 하나님 나라의 이해는 정의와 코이노니아 그리고 샬롬이 지배하는 사회를 말한다.25) 이런 하나님 나라의 이해는 통일신학의 뜻하는 통일 공동체를 형성하는 데 있어 통일윤리가 보다 더 중심를 두어야 하는 부분이 어디인가를 보여준다. 아울러 이 땅에 하나님 나라를 위하여 민중의 한을26) 다루어야 한다는 것은 우리의 시선을 상생신학으로 돌리게 한다. 상생신학은 그동안 축적된 아픔과 고통 그리고 원한들을 어떻게 다루고 있는 지를 보여준다.

상생신학자로서 홍정수와 박종천의 작품들을 살펴본다. 두 사람은 한국문화의 중심인 한국 토착 종교와 불교 그리고 샤머니즘을 연구했다.27) 상생신학의 핵심사상은 해원상생이다. 해원이란 원한을 푸는 것이고 상생이란 함께 사는 것이다. 이 해원상생의 개념은 19세기 강

---

25) 서남동, 『민중신학의 탐구』(서울: 한길사, 1983). 안병무, 『민중신학이야기』(서울: 한국신학연구소, 1988). Kim Yong-Bock, *Messiach and Minjung* (Hong Kong: Christian Conference of Asia, 1992).
26) 한이라는 단어는 사람들이 부당한 경험을 했을 때 느끼는 깊은 감정으로, 정당한 분노로 번역된다.
27) 박종천, 『상생신학』(서울: 한국신학연구소, 1991), 홍정수, 『베짜는 하나님』(서울: 조명문화사, 1991).

증산(1871-1909)에 의해 제안된 것이다. 강증산은 샤머니즘 전통의 해원이라는 사상과 한국의 도교, 불교, 그리고 유교사상들과 함께 해원상생의 개념을 발전시켰다. 홍정수와 박종천, 두 신학자는 강증산의 해원상생의 개념을 기반으로 상생의 세계란 혁명이나 혹은 폭력적인 수단에 의해 되어 지지 않고 평화롭고 비폭력적인 방법으로 만들어진다고 한다. 이는 상생의 원리들인 공존, 조화, 평등 그리고 정의의 요소들로 이루어 질 앞으로의 새로운 사회를 내다보게 한다.[28]

통일 윤리를 위한 세 번째 주요한 신학-윤리의 자료가 되는 통일신학은 분단을 악으로 규정한다. 1988년 이후 통일신학은 신학자와 목회자 그리고 진보적인 기독인들에 의해 토론되기 시작했다. 여성신학자로서는 처음으로 박순경이 한국의 통일을 신학적인 시각으로 조명하였다. 그녀에 의하면, 그리스도가 한국백성의 통일에 대한 울부짖음을 듣고 분단의 죄와 속박을 짊어지고 한국백성에게 오실 것이라는 믿음이 없이는 통일이 불가능하다고 말한다.[29] 통일신학이 조국의 분단된 그 무거운 짐으로 인해 억눌려 있는 민중과 민족의 비명소리와 함께 시작함을 강조하는 것은 그 신학함(doing theology)과 윤리함(doing ethics)의 시작점이 같다는 것을 알 수 있다.

1990년대 통일 운동가로서 활약한 고 문익환은 조국 통일를 향하여 가는 중요한 방법은 남한의 백성들에 대한 사회정의와 사회복지에 일차적인 관심을 갖는 것이었다. 진정한 정의와 민주적인 사회 없이

---

28) 노기명, "증산사상의 민중," in 증산도사상 12. (1986): 213-215.
29) 박순경, 『통일신학의 여정』(서울: 한울, 1992), 69.

통일은 불가능하다고 그는 주장한다. 진정한 민주주의와 통일은 하나로 같은 주제이다. 한국 사람들은 한 몸이요 한 백성이요 그리고 한 나라이다.[30] 그에 따르면 통일이란 분열 없이 모든 다양성을 포용하고 존경하는 수용성이 큰 한 공동체로 되어감을 의미한다. 인간의 몸이 흙으로 지음 받았다는 성서의 인간 존재의 의미는 흙처럼 받아들이는 수용성에 있다고 그는 말한다.

본 논문은 또 다른 통일신학자로서 노정선[31]를 다룬다. 그에 의하면 하나님과 아담은 최초로 통일을 즐겼지만 결국 분열이라는 경험을 하게 되었다고 한다.[32] 최초의 인간 아담과 하나님의 분열이 죄다. 그는 박순경과 함께 북한의 이데올로기인 주체사상의 긍정적인 면을 주장하면서 남한이 슈퍼 강대국에 너무 의존하는 것을 비판하다. 한국인들이 주체적인 평화통일을 이루기 위해서는 무엇보다 먼저 분단을 야기한 이데올로기들을 회개해야 한다고 말한다.[33]

본 논문은 민중신학, 상생신학 그리고 통일신학 등을 분석하기 앞서서 논문 제 1장에 필자의 자서전적인 신앙이야기를 기술한다. 그 자서전적인 이야기를 통해 남한 사회의 부정의 한 상황들을 시카고대학의 정치학교수였던 지금은 고인이 된 아이리스 메리온 영(Iris Marion Young, 1949-2006)의 억압(oppression)이라는 패러다임을

---

30) 문익환, 『통일은 어떻게 가능한가』(서울: 학민사, 1984), 42.
31) Noh Jong-Sun, *The Third War* (Seoul: Yonsei University Press, 2000); *Liberating God for Minjung* (Seoul: Hanul, 1994); God of *Reunification: Toward a Theology of Reunification* (Seoul: Yonsei University, 1990).
32) 노정선, 『통일신학을 향하여』(서울: 한울, 1988), 56.
33) 위의 책., 58.

사용하여 분석한다. 그녀는 억압이라는 범주를 착취, 주변화(marginalization), 무능력(powerlessness), 문화적인 제국주의(cultural imperialism), 그리고 폭력 등으로 분류한다.34) 이런 분석은 분단이라는 것이 구조적인 악으로 한국사회에 어떻게 존재해 왔는지를 보여준다. 아울러 미래의 통일 조국을 위한 통일윤리의 방향과 지침 등을 말해준다.

본 논문 마지막 장에서 한국 통일운동의 역사를 간략하게 살펴보고 한국 교회의 역할을 제시한다. 통일 운동사에서 남북한의 온전한 통일윤리를 향하여 북한의 주체사상을 어떻게 이해하는 것이 필요함을 알아본다. 온전한 통일윤리를 위해서 남북한의 진정한 대화가 이루어져야 한다. 이를 위해 민중, 상생, 그리고 통일신학이 남한에서 시작된 것이기에 북한의 것을 포함하는 것이 필요하다. 북한에서 말하는 주체사상이 통일윤리를 이루는 데 있어 하나의 요소로 보여 질 수 있는 그 가능성을 열어두는 것이다. 통일윤리의 한 요소로서 주체사상을 포함시키자고 하는 논쟁이 아니다. 다만 그 북한의 사상에 대하여 작은 대화의 열릴 가능성을 타진하는 것이다.

지금까지 남북한 통일에 대한 여러 신학적인 그리고 윤리적인 접근들이 있어왔지만, 한국 신학들 가운데 민중, 상생 그리고 통일신학의 요소들을 가지고 기독인의 통일 윤리를 세우는 작업은 없었다. 이런 점이 본 논문의 특별한 점이라고 할 수 있다.

본 논문의 특징은 세 가지이다.

---

34) Iris Marion Young, *Justice and the Politics of Difference* (Princeton, NJ: Princeton University Press, 1990), 39–65.

첫째로 통일을 위해 노력하는 것과 남한의 정의를 이루는 것이 별개가 아니라는 사실이다. 통일을 한다는 것은 분단 이전의 과거 상태로 회귀하는 것이 아니라 남북한 모두 정의를 추구하는 새로운 미래 사회를 창출하는 것이다. 정의가 있는 곳에 새로운 사회가 있다(Where there is justice, there will be a new society).

둘째로 화해의 기독교윤리를 제안한다. 이러한 제안은 통일의 신학-윤리를 보다 더 정교하게 하려는 한 시도이다. 우리가 기독인이라고 부름을 받았다면, 우리는 통일 운동에 참여해야 한다는 것은 명확한 일이다. 기독인으로서 우리 조국의 통일에 대한 운동을 하지 않는다는 것은 기독인의 중요한 믿음의 내용들 ─삼위일체, 하나님 나라, 다른 사람과 불화로서의 죄, 그리고 공동체의 중요성 등을 간과하는 것이다.

셋째로 본 논문은 분단을 해결해야 할 주요 책임자로서 남북한을 말한다. 이런 면에서 통일윤리를 세우는 요소들을 한국 신학들 가운데 민중, 상생 그리고 통일신학을 사용했다. 세 신학들과 대화하는 가운데 나타나는 정의(justice)의 부요한 이해들을 본 논문은 제공한다. 사회 정의란 단지 정치적인 통일을 이루는 것으로 제한하는 것이 아니라 한 가족과 같은 새로운 공동체를 향하여 우리가 처해 있는 사회 안에서 모두 함께 참여하도록 이끌어주고, 다양함을 존중하면서 각 개인의 존엄성을 보호해주는 것을 목표로 나아가는 것이다. 그런 정의를 위하여 우리는 우리 자신의 고정관념으로부터 해방되어야 한다. 또한 세가지 한국 신학들 간의 대화에서 도출되는 풍부한 사상 이해는 정치적 통일에만 국한되지 않고 모든 사람의 존엄성을 보호하고 모든 한국인이 정의로운 사회에 온전히 참여할 수 있도록 기여하는 사회 정의를 정립하는 데 도움이 될 것이라고 생각한다.

제1부

방법론: 자서전적인 이념 이야기

분단된 한반도에서 신학과 윤리를 공부한다는 것은 어떤 의미일까? 이 질문은 신앙 여정을 시작할 때부터 늘 내 가슴에 품은 화두였다. 이 화두는 기독교 윤리학 연구에 대한 방향을 인도해 주고, 기독교 윤리학의 핵심 주제인 정의를 실현하기 위해서는 모든 형태의 억압으로부터의 해방이 필수적이라는 사실을 알게 해준다.

정의에 대한 나의 관심은 1960년부터 1980년까지 억압적인 한국 사회 체제에 맞서 싸운 민주화 해방 투쟁을 통해 형성되었다. 이 민주화 투쟁을 통해 나는 정의를 단순히 영적인 차원이나 개인적 책임으로만 바라보던 시각에서 벗어나 정치적, 사회적 문제로 인식하게 되었다. 한국의 정치적, 사회적 현실을 고려할 때, 남북한 통일 없이는 이 땅에서 정의가 실현될 수 없다는 것을 깨닫게 되었다. 정치적 문제가 사회적 정의와 밀접하게 연결되어 있었다. 둘 중 하나라도 없으면 정의는 한반도에서는 불가능하다고 본다.

어렸을 때는 정의를 단순히 종교적 미덕으로만 여겼었다. 이후 정의는 사회적, 정치적 미덕일 뿐만 아니라 인간 삶의 올바르고 적절한 질서와 관련된 윤리적 규범이라는 것을 깨닫게 되었다. 이러한 사고방식의 변화를 가져온 것이 바로 이 논문의 배경이다.

1. 자서전적 여정

신학-윤리적 이해는 개인의 행동 방식과 삶의 방식이 자신의 도덕적, 신학적 주장을 정의하고 구조화한다는 점에서 자서전적이다.[35] 다시 말해, 내 삶의 경험이 내 신학-윤리적 담론의 근간을 이룬다. 이러한 이해는 지식이 경험에 뿌리를 두고 있다는 사실을 강조한다. 지식은 단순히 관념의 집합체가 아니라 경험에서 비롯된 이해이기도 하다. 내 삶의 여정이 내 신학-윤리적 담론에 미치는 역할을 인식함으로써 나는 내 자신의 관점 외에도 다른 관점들을 존중하게 되었다. 개인의 경험이 사고방식에 지대한 영향을 미친다는 것을 인식하는 것은, 자신과는 다른 수많은 관점이 존재한다는 것을 깨닫게 해준다. 왜냐하면 자신과 다른 경험은 무수히 많기 때문이다. 자신의 제한된 경험은 타인의 경험과 그 경험에서 비롯된 이해를 수용하도록 이끌어준

---

35) Lee Jung Young, *Marginality: The Key to Multicultural Theology* (Minneapolis, MN: Augsburg Fortress, 1995), 7.

다. 따라서 현대의 다원주의 사회에서 신학과 윤리에 대한 자서전적 접근 방식이 중요하다.

이어지는 페이지에서는 나의 "행동 경로", 즉 내가 살아온 역사적, 사회적 현실 속에서 형성된 개인적인 이야기와 그것이 "다른 행위자들의 사회적 실천"36)과 교차하는 방식을 설명한다. 나의 신앙 여정을 서술하는 것은 이 논문에서 상세히 다루는 신학–윤리적 담론에 내가 어떻게 관여하고 있는지를 밝히는 한 방법이다.37) 따라서 자서전적 정보를 공개하는 것은 나의 "인식론적 경계심"을 발휘하려는 시도이며, 나에게 영향을 미치고 내가 알고 이해하는 것을 제한하는 경험과 이해를 규명하려는 시도이다.38)

1) 기독교 신앙 형성39)

나는 기독교 대한 성결교회 전통의 풍부한 종교적 보수주의 속에서 자랐다. 초등학교 5학년부터 8학년까지 나의 신앙과 사고방식은 내가 다니던 교회 목사님의 영향을 크게 받았다. 목사님은 신학교 졸

---

36) "행동 경로"는 마크 클라인 테일러가 사용하는 전문 용어로, 우리 개개인의 구체적인 이야기와 그로부터 파생되는 다른 행위자, 주체, 세력의 사회적 관행을 모두 지칭함. (Mark Kline Taylor, *Remembering Esperanza*, Maryknoll, NY: Orbis Books, 1990), 3.

37) 위의 책..

38) Otto Maduro, *Religion and Social Conflicts* (Maryknoll, NY: Orbis Books, 1989), 27. 이 글에서 마두로는 인식론적 경계심이란 "현실을 알 수 있는 우리의 능력의 한계와, 바로 이 능력이 가진 은폐 및 왜곡 경향에 대한 영구적이고 비판적인 의식"이라고 주장한다.

39) 박삼경, 『하나님 나라의 이해』 (열린서원, 2023). 22–42 내용 일부 재인용.

업 후 다른 교회에서 3년간 사역하시다가 교회에 부임하셨다. 교인 대부분이 초등학교 교육밖에 받지 못했기 때문에 목사님은 교인 전체를 가르치는 교사가 되어 주셨다. 설교하실 때 항상 칠판을 사용하셨고, 사회 문제보다는 개인의 구원에 초점을 맞추시는 설교와 가르침을 주로 하셨다. 그는 영적인 현상을 다루었고 성경적 관점에서 영적 차원을 분석했다. 신앙은 사회 문제보다는 개인과 관련된 것이라고 가르쳤다. 그의 가르침을 통해 정치적, 경제적 현상 유지가 하나님에 의해 이루어진다고 이해하였다. 그는 보수적인 복음주의적 관점에서 자유주의 신학을 비판했다.

내가 자라던 시절, 내가 다니던 교회는 대부분의 한국 교회와 마찬가지로 사회의 경제적, 사회적 문제에 무관심했다. 목사님들은 오직 개인 윤리에 대해서만 설교했고, 영적인 문제에만 관심을 기울였다. 당시 한국 사회에 만연했던 인권 유린과 개인 존엄성 경시에 대해 종교계에서 의미 있는 목소리를 내는 사람은 별로 없었다. 그러므로 당시 나의 개인적인 이념에 '현상 유지'의 견해가 많이 포함되어 있었다는 것은 놀라운 일이 아니다. 그 시절 내 생각은 다음과 같았다. "누구나 열심히 노력하면 성공할 수 있다." "가난한 사람들은 그저 게으른 것뿐이다." "미국은 모든 사람을 위한 정의에만 관심 있는 자비로운 나라다."

2) 패러다임 전환

a. 학생 운동

대학 시절은 나에게 있어 큰 성장의 시기였고, 정의에 대한 생각에 상당한 변화를 경험했었다. 그 당시 세대의 학생들은 자신을 소개할 때 대학에 입학한 해를 언급한다. 내가 대학에 입학한 1980년은 광주학살로 이어진 학생 시위와 데모로 인해 혼란과 비극이 계속되던 해였다. 이 사건으로 인해 수년간의 사회적, 정치적 불안이 시작되었고, 학생 민주화 운동이 중요한 역할을 했던 역사상 비극적인 시기였다. 대학생들은 매일 아침 대학생 또래의 경찰이 민간인 복장을 하고 학생처럼 행세하는 것을 알고 학교에 다녔다. 우리는 그들을 잡새(새잡이)라고 불렀는데, 거리 시위를 주도하는 학생 지도자들을 잡는 것이 그들의 임무였기 때문이다. 우리는 시위를 진압하기 위해 터뜨린 최루탄에서 나오는 '후추 안개'라고 부르는 공기를 마시는 법을 배웠다. 이러한 격렬한 시위 활동과 마르크스주의, 해방신학, 비판철학 등 현 정권에 비판적인 서적을 읽고, 조국의 미래와 국제 관계에 대해 끊임없이 토론하는 것은 학생 생활의 필수적인 부분이었다. 우리는 스스로를 권위주의 정권에 저항하는 애국자이자 '거의 정치인'이라고 생각했다. 그 기간 동안 많은 친구들이 체포되었고, 일부는 자신의 의지와 상관없이 군 복무를 해야 했다.

이 기간 동안 처한 상황과 읽은 책들을 바탕으로 전 세계 빈곤층 3분의 2는 다국적 기업이 전파하는 경제적 착취 및 문화 제국주의와 관련된 문제임을 알게 되었다. 동료 학생들과 함께 미국이 전 세계 많은 시민들을 억압하는 데 어떻게 참여했는지에 대해 토론했다. 미국이 제3세계에 대한 지배를 지속하기 위해 이른바 '저강도 분쟁'을 이용해 왔다는 사실을 깨닫게 되었다. 이 모든 경험은 내 사고방식에 근본적인 변화를 가져왔다. 더 이상 미국이 정의를 추구하는 자비로운 국가라고 믿지 않게 되었다. 또한 세상에는 한정된 자원과 부만 있다는 사실을 알게 되면서 생각도 바뀌었다. 자본주의는 가난한 사람들이 더 가난해지는 대가로 부자들이 더 부자가 될 수 있게 해준다는 사실을 부정하지 않는다. 아무리 열심히 일해도 사람들이 항상 가난하게 살 수밖에 없는 사회가 있다는 것을 이해하게 되었다. 가난과 빈곤이 권력을 가진 사람들과 그들이 관리하는 기관에 의해 통제되는 사회 및 정치 구조에 의해 지지되고 용인된다는 것을 깨달았다. 그들의 권력은 우리 모두가 서로 연결된 경제 및 사회적 그물망의 결과이다. 마르크스주의를 읽으면서 사회와 세계의 사회적, 경제적 불공정의 깊이를 이해하는 데 도움이 되는 통찰력을 얻었다. 이러한 독서를 통해 자본주의에 대해 더 깊이 비판적인 시각을 갖게 되었고, 자본주의가 사회 불의에 어떤 역할을 하는지 알게 되었다.

기독교인으로서 나는 마르크스주의자가 되기 위해서가 아니라 더 나은 기독교인이 되기 위해 학생 운동에서의 경험과 대학에서 배운 것을 사용했다. 보수적인 신앙은 개인과 그 개인의 구원에만 관심을 갖도록 가르쳤다. 대학생이 되면서 그리스도인의 의무라고 믿게 된 사회봉사는 나에게 도움이 크게 되지 않았다. 1980년대 기독교인으로서 개인보다 사회 구조를 강조하는 마르크스주의의 도전에 귀를 기울이며, 하나님께서 악한 사회 구조를 개혁하는 일을 하기를 원하신다고 믿게 되었다. 억압적인 사회 구조에 대한 면밀한 사회 분석을 요구하는 이 세상의 정의에 관한 종교적 신앙을 알게 되었다.

b. 민중신학

20대의 나에게 민중신학은 정의에 대한 이해와 종교와 사회의 관계에 대한 필요성에 큰 영향을 미쳤다. 전통 신학은 교회의 공식 교리를 틀 삼아 성경을 해석하고 사회 문제에 관심을 두지 않았다. 일부 신학자들은 민중적 관점에서 성서를 이해하게 되면서 억압받는 사람들의 경험과 이해를 무시하는 전통적인 교리의 틀을 벗으려고 노력했다. 민중신학은 교리와 추상적 사유가 아니라 민중들의 삶과 정의를 위한 민중투쟁에 신학자들이 참여하면서 생겨난 것이다.

민중신학은 1980년대 존재했던 억압과 불의와 관련하여 정의라는 개념을 이해하는 데 도움을 주었다. 민중신학은 민중의 울부짖음과 고통의 이야기가 곧 내가 살고 있는 현실에 대한 사회적 분석이라는 것을 가르쳐주었다. 이 '아래로부터의 관점'은 모든 불의한 상황을 분석하는 데 있어 근본적인 기준이 되었다. 가난하고 억눌린 자의 관점은 나에게 사회 정의를 실현하기 위한 투쟁의 출발점이 되었다. 민중신학은 하나님 나라를 위한 정의로운 투쟁에 기여해야 한다는 것을 깨닫게 해주었다. 그래서 신학은 실천40)이라고 믿게 되었다.

---

40) Ada María Isasi-Díaz, *La Lucha Continues — Mujerista Theology* (Maryknoll,

2. 정의의 이해를 위한 출발점: 억압/불의

대학 시절에 배운 것을 바탕으로, 나는 1960년부터 1980년까지 한국에 존재했던 불의에 대한 분석을 통해 정의에 대한 이해를 구체화하기 시작했다. 억압적인 구조, 태도, 행동으로 나타나는 불의에 대한 심층적인 분석은 정의를 위한 투쟁의 첫걸음으로서 절대적으로 필요하다고 생각한다. 먼저 억압의 본질을 이해해야 하고, 억압받는 자들의 울부짖음에 귀 기울여야 한다.

억압이란 무엇인가? 억압을 설명하기 위해 억압의 범주를 분석한 아이리스 매리언 영이 개발한 패러다임을 사용한다.41) 영은 착취, 주변화, 힘없음, 문화제국주의 그리고 폭력 등으로 업압을 설명한다.42) 억압받는 사람들은 한 가지 이상의 억압을 경험하며, 이러한 다양한 형태의 억압은 서로 연결되어 있다는 점에 유의하는 것이 중요하다. 예를 들어, 소수 인종은 문화적 제국주의와 무력감에 직면하는 동시에 동성애자는 조직적인 폭력과 소외에 직면한다. 이러한 범주는 서로 분리된 것이 아니라 상호 작용하고 서로를 지지하며 억압 구조를 영속화한다. 이 글에서는 억압의 각 형태를 설명하고, 1960년대부터 1980년대까지 한국 역사 속 사례를 통해 각각의 형태를 예시하고자 한다.

NY: Orbis Books, 2004), 19.

41) 영이 말하는 억압에 관한 다섯 가지 범주에 관한 예시를 나는 박정희 정권에서 일어난 일들로 제한하여 설명한다.

42) Iris Marion Young, *Justice and the Politics of Difference* (Princeton, NJ: Princeton University Press, 1990), 48−61.

1) 착취

영은 경제적 착취에 대한 마르크스주의적 이해를 따르며, 한 집단
이 다른 집단의 희생을 통해 어떻게 이익을 얻는지 지적한다.43) 착취
에 대해 이야기할 때 '누가 누구를 위해 무엇을 하고, 노동에 대한 보
상이 어떻게 이루어지며, 그 노동의 결과가 누구에 의해 어떻게 전유
되는가'를 말한다.44) 박정희 정권 당시 한국에서는 민중의 에너지가
성장하는 중산층과 부유층의 이익을 위해 사용되었다. 당시 정치―사
회적 제도가 시골의 빈민층과 도시의 노동자 계급인45) 민중을 제약
하면서 소수가 부를 축적할 수 있게 해 부의 불평등한 분배가 이뤄졌
다. 그 당시 우리나라의 경제 구조는 가난한 사람들을 보호하도록 설
계되지 않았다. 박정희가 1961년 대통령이 되기 위해 군사 반란을 이
끌기 전까지 한국은 대부분 농업 사회였다.46) 박정희 정권은 경제 발
전을 강조했고, 한국은 점점 산업화되었다. 박정희는 재임 초기에 정
치적 안정과 경제 발전을 제공함으로써 국민들의 지지를 크게 받았
다. 그는 확고한 군인형 리더십으로 인기를 얻었다. 그는 안정적인 정
부를 수립하고 경제 성장과 번영을 촉진했다.

박정희는 대부분의 참모들의 걱정과 우려에도 불구하고 서울과 부

---

43) 위의 책, 49.
44) Ada María Isasi-Díaz, *Mujerista Theology* (Maryknoll, NY: Orbis Books, 1996),
10.
45) Young, 53.
46) 박정희 정권에 관한 정보는 다음 책을 참조. Lee Ki-Baik, *A New History of
Korean* (Cambridge, Massachusetts: Harvard University Press, 1984).

산을 잇는 고속도로 건설을 지시했고, 이는 교통의 가장 중요한 연결 고리가 되었다. 그는 짚으로 지은 초가집에 살던 많은 국민들에게 현대식 주택을 지어주었다. 과거에는 너무 좁고 굴곡이 심해 안전하게 운전할 수 없었던 도로를 정비했다. 그는 개별 주택 단위의 관리를 그룹 관리 시스템으로 변경했다. 미국, 서독 등 여러 나라로부터 차관을 받아 산업 발전에 사용했다. 그 결과 한국은 1950년 한국전쟁에서 입은 손실을 회복했다. 국민 소득은 급속도로 향상되었다. 그러나 이러한 발전의 대부분은 민중의 희생으로 이루어졌다. 많은 민중이 근대화를 위해 자신의 집에서 쫓겨났다. 예를 들어, 산비탈에 판잣집을 짓고 살던 가난한 사람들은 정부가 새롭고 광범위한 도로 시스템과 공장을 건설하는 과정에서 적절한 보상 없이 집을 철거당했다. 산업계의 경우 정치와 대기업 사이에 불공정한 유착 관계가 존재했다. 정부는 막대한 자본을 가진 대기업에는 특별한 혜택을 제공한 반면, 도움 없이는 성장하거나 계속 운영할 수 없는 중소기업에는 아무런 조치를 취하지 않았다. 정부는 이윤 극대화를 위해 노동자를 착취하는 것을 암묵적으로 허용했다(예: 노동자에게 생활비보다 적은 임금을 지급하고 열악하고 위험한 작업 환경을 허용하는 것). 수출 경쟁력을 높이기 위해서는 생산 원가를 매우 낮춰야 했다. 따라서 임금을 억제해야 했다. 농산물 가격도 정부에 의해 규제되었다. 예를 들어, 주요 주식인 쌀 가격은 농민들의 생계를 위협할 정도로 통제되었다. 이 기간 동안 노동자들의 권리를 위한 운동은 억압되었고, 노동자들의 인권은 짓밟혔다.

경제 발전의 기본 논리는 국민을 위한 것이라는 명분이었다. 그러나 경제 발전 과정에서 계획 수립은 물론 임금 및 이익 분배와 관련된 모든 의사 결정에서 민중은 항상 배제되었다. 그 결과 부자는 더 부자가 되고 정부는 점점 더 많은 지출을 하는 반면 가난한 사람들은 착취를 당했다. 부유한 자본가는 가난한 사람들의 노동력을 이용해 이윤을 늘렸다.47) 다시 말해, '없는 자'의 에너지는 '있는 자'의 권력, 지위, 부를 위해 사용되었다. 지배층의 경제적 착취의 깊이는 박정희가 구축한 제도와 구조의 변화가 필요하다는 것을 분명히 보여주었다. 착취를 종식시키기 위해서는 "의사 결정의 제도와 관행의 재편, 분업의 변화, 그리고 이와 유사한 제도적, 구조적, 문화적 변화"가 필요했다.48) 단순한 부의 재분배만으로는 정의를 실현할 수 없었다. 의사 결정 과정에 모든 사람의 참여와 불공정을 바로잡는 데 주의를 기울여야 했다.

2) 주변화

두 번째 억압의 형태인 주변화는 지배적인 집단이 "다른" 것으로 간주하는 사람들을 배제하는 것이다. 주변화 사람들은 노인, 장애인 또는 권력을 가진 사람들이 중요하다고 생각하지 않는 모든 집단일 수

---

47) Suh Changwon, *A Formulation of Minjung Theology: Toward a Socio-Historical Theology of Asia* (Seoul: Nathan Publishing, 1990), 224.
48) Young, 53.

있다. 이들이 주변화된다는 것은 그들의 고용 능력이 심각하게 제한되다는 것을 의미한다.49) 그러나 주변화는 고용 문제를 넘어 한 사회의 사회생활에서 '특정 종류의 사람들'이 배제되는 것으로까지 확장된다. 이는 결국 주변화된 사람들의 자존감 결여, "정체성 위기", 등으로 인해 완전히 파괴적인 결과로 이어진다.50)

박정희가 집권하던 1970년 11월, 하루 10~12시간씩 열악한 환경, 봉제공장에서 일하던 청년 노동자 전태일이 "노동자도 인간이다!"51) 라고 외치며 자신의 몸에 불을 붙이고 인파가 몰린 거리를 뛰어다녔다. 그의 분신자살은 민중이 얼마나 주변화되어 있었는지를 잘 보여준다. 전태일은 인간으로서 자신의 가치를 인식하고 있었다. 그러나 사회가 자신을 가치 있는 존재로 인정하지 않으면 자존감을 잃게 된다는 것도 알고 있었다.52) 그의 외침은 압제자들을 향한 것이기도 했지만 민중들의 의식을 일깨우기 위한 것이기도 했다. 그는 자신이 가치 있는 사람으로 간주되기를 원했다.53)

3) 무력함

세 번째 형태의 억압은 무력감(powerlessness)이다. 영은 이를 "자

---

49) Iris Marion Young, *Justice and the Politics of Difference*, 53.
50) Isasi—Díaz, Mujerista Theology, 111.
51) 조병호, 『한국 기독청년 학생운동 1백년사 산책』(땅에 쓰신 글씨, 2005). 92.
52) 한국 신학 영구소, 편. 『1980년대 한국 민중신학의 전개』(서울: 한국신학 연구소, 1990). 25.66.88.
53) 서남동, "두 이야기의 합류"『민중과 한국신학』(서울: 한국 신학연구소, 1985), 271.

신의 삶의 상황에 대한 자율성과 통제력이 부족하고 그에 따라 자신의 능력을 향상시킬 기회도 부족하며 존중이나 존엄성도 결여된 상태"라고 정의한다.54) 무력감은 권위가 부족하고 경제, 사회, 문화, 정치 구조에 대한 접근이 거부된 사람들에게 영향을 미친다. 무력한 사람들은 자신의 힘의 부족을 인식하지 못할 수도 있고, 권력을 가진 사람들의 힘과 권위를 지지하는 사회 구조와 제도를 반드시 인식하지 못할 수도 있다. 영에 따르면, 이러한 무력감은 "자신의 능력 개발을 억제하고, 직장 생활에서 의사 결정권을 갖지 못하며, 지위 때문에 무례한 대우에 노출되는" 결과를 낳는다.55) 역사적으로 한국 민중의 가장 큰 곤경은 정치, 경제, 문화적 수준에서의 무력함이었다.56)

민중은 어떤 경제적 결정에도 영향을 미칠 수 없었고, 적어도 그들이 노동하는 밭과 공장의 소유주와의 관계에 대해 의견을 제시할 수 없었다. 가난하고 소외된 민중은 정치적 권력을 가진 적이 없었고, 따라서 자신의 운명을 결정하는 데 있어서도 배제되어 왔다. 문화적 가치와 상징은 민중의 가치를 고려하지 않고 부자와 권력자의 가치만을 대변하며 힘 있는 자와 힘없는 자의 관계를 규정하고 있다.57) 1980년대 중반, 박정희 정권에 억압받던 민중의 무력함이 여실히 드러났다. 정권은 권력을 유지하기 위해 학생들을 투옥하고 고문했으며, 심지어 살해하기까지 했다. 권력이 오직 박정희에게만 집중되어 있었기

---

54) Iris Marion Young, *Justice and the Politics of Difference*, 56
55) 위의 책
56) Suh Changwon, *A Formulation of Minjung Theology: Toward a Socio-Historical Theology of Asia* 226.
57) 위의 책.

에 학생들을 보호할 법은 존재하지 않았다. 학생들은 정부의 정책 결정에 목소리를 내기 위해 사회에서 투쟁했지만, 속수무책이었다. 일반 시민을 위한 선거는 중단되었고, 특별히 선발된 군 장성들로 구성된 특별위원회가 박정희를 따르는 군 장성 전두환의 대통령직을 확정했다. 그의 대통령 임기는 1980년부터 1988년까지 이어졌다.

4) 문화 제국주의

영이 언급한 억압의 네 번째 얼굴은 문화 제국주의로, "지배적인 문화의 경험에 근거하여 특정 집단을 측정하는 것"을 말한다.58) 문화 제국주의는 사회의 관습으로 다른 집단을 최소화하거나 무관한 것으로 판단하게 만든다. 지배 집단은 자신과 같은 집단을 제외한 모든 집단을 '타자'로 고정관념화하며, 자신들의 관점에 따라 '정상'을 정의하고 결정한다. 지배 집단의 편견과 차별은 특권적 지위를 유지하기 위해 사용되는 메커니즘이다.

아다 마리아 이사시 디아즈에 따르면, 문화 제국주의의 가장 파괴적인 측면은 그것이 사람들에게 하는 일이 아니라 민중이 스스로에게 하는 일이다.59) 민중은 지배 문화가 자신들을 바라보는 방식을 내면화하여 자신의 정체성을 잃게 된다. 권력자들이 확립하고 유지한 가

---

58) Iris Marion Young, *Justice and the Politics of Difference*, 58-59.
59) Ada María Isasi-Díaz, *Mujerista Theology* (Maryknoll, NY: Orbis Books, 1996), 114.

치, 신념, 관행의 체계는 1960년부터 1980년까지 한국의 정치, 경제, 문화 체제의 현상 유지를 정당화했다. 억압받는 민중은 지배 집단에 의해 조종당하고 희생자가 되어 정체성을 잃었다. 박정희 정권과 전두환 정권에 맞선 투쟁은 민중과 그들과 연대하는 사람들이 지배 문화에 의해 무시당하는 것에 반대하려는 시도였다.

문화 제국주의의 핵심 사례는 "민중 속의 민중"인 한국 여성을 대하는 방식이었으며 지금도 어느 정도 계속되고 있다. 한국 여성들은 한에 사로잡혀 있다. 한(恨)이란 겪은 불의에 대한 해결되지 않은 분노, 압도적인 역경에 대한 무력감, 완전히 버림받았다는 느낌, 극심한 슬픔의 고통, 이 모든 것이 합쳐져 만들어지는 것이다.[60] 특히 민중 여성들은 공자의 가르침과 엄격한 권위 위계질서의 영향을 크게 받은 가부장제 사회에서 고통을 겪어왔다. 남성 제국주의는 민중 여성들을 이 위계질서의 최하층에 머물게 했다. 한국의 유명한 속담에 따르면 "여자는 평생 동안 아버지, 남편, 아들 등 남성에게 의존해야 한다"고 말한다.

---

60) Chung Hyun Kyung, "*Han-pu-ri*: Doing Theology from Korean Women's Perspective" in *Frontiers in Asian Christian Theology: Emerging Trends*, ed., R. S. Sugirtharajah (Maryknoll, NY: Orbis Books, 1994), 55.

5) 폭력

영이 마지막으로 이야기할 억압의 형태는 조직적 폭력이다.61) 민중은 그들이 누구인지, 개인적으로 무엇을 하는지가 아니라 단지 민중이라는 이유만으로 폭력을 당한다. 그들이 겪는 폭력은 비합리적이다. 그러나 이러한 폭력은 너무나 흔해서 문화와 정치 시스템의 일부가 되었다. 경찰이 민중을 구타하거나 살해하는 것에 대해 항의하는 사람은 아무도 없거나 극소수에 불과했다. 학생운동은 민중들이 사회에서 겪고 있는 구조적 폭력에 대한 항의였다. 박정희 정권 시절, 조직적인 폭력은 민중뿐 아니라 그를 반대하는 모든 이들에게 영향을 미쳤다. 학생은 물론 박정희 정권에 반대하는 양심적인 지식인들도 체포되고 고문을 당했으며, 심지어 살해당하는 경우도 있었다. 박정희 정권은 학생 시위를 자신과 현 체제에 대한 위협으로 간주했다. 따라서 학생들에 대한 폭력 사용은 정당하다고 믿었다. 그러나 학생들의 시위는 정부의 억압적 구조가 사회에 만들어낸 폭력에 대한 반작용에 불과했다.

3. 신학과 윤리 안에서 이데올로기의 의미와 역할

1980년대 대학생이었던 나는 이데올로기 갈등의 한가운데서 살았

---

61) Iris Marion Young, *Justice and the Politics of Difference*, 63.

다. 학생 운동에 참여하면서 나의 신앙은 이데올로기의 영향을 받았다. 이데올로기란 무슨 뜻인가? 이데올로기를 어떻게 이해해야 할까? 학생운동을 하면서 마르크스주의에 대해 알게 되었지만, 나는 신앙을 버리고 마르크스주의를 수용하지는 않았다. 내가 생각하고 행동한 것의 기초가 되는 성경을 내 생각의 원천으로 계속 의지했다. 대학원에 와서야 신앙과 이데올로기 사이의 관계, 즉 마르크스의 이데올로기뿐 아니라 라틴아메리카와 아시아의 해방신학자들이 제안한 이데올로기를 이해하게 되었다. 특히 스리랑카의 예수회 사제인 알로이시우스 피에리스가 말하는 이데올로기의 의미에 주목했다. 또한 우루과이 출신의 예수회 신부인 후안 루이스 세군도는 이데올로기와 신앙의 연관성을 잘 알려준다. 이런 저서들을 통해 이데올로기에 관한 이해의 폭을 확장해 갔다.

1) 마르크스의 이데올로기 이해

역사적으로 "이데올로기"라는 용어는 18세기 프랑스 철학자 데스투트 드 트레이시에 의해 "관념의 과학"이라는 의미로 처음 사용되었다.62) 하지만 오늘날에도 이데올로기는 마르크스주의적 이해를 따르는 것이 가장 일반적이다. 데스투트 드 트레이시가 이 용어를 도입한

---

62) Aloysius Pieris, S. J., *An Asian Theology of Liberation* (Maryknoll, NY: Orbis Books, 1992), 25-26.

지 한 세기 후, 마르크스는 이데올로기란 현상 유지를 정당화하고 억압적인 사회 관계를 정당화하는 사상 체계를 지칭하는 용어로 사용했다. 마르크스에게 종교는 물론 문화와 철학, 적어도 지배적인 철학은 대체로 이데올로기적 성격을 띠고 있다.63) 그것은 억압적인 현상 유지에 대한 미묘한 방어기제이다.

마르크스에게 이데올로기는 "중립적이고 가치 없는 개념으로서 정신의 상징적 틀"을 의미하지 않는다.64) 마르크스는 이데올로기를 중립적인 의미로 사용하지 않는다. 이와 관련하여 가톨릭 신학자인 그레고리 바움은 "마르크스의 용어로 이데올로기는 항상 거짓의식이며, 사회적 이익을 위한 진리의 왜곡이며, 지배 집단의 권력과 특권을 정당화하고 권력을 갖지 못한 사람들에게 가해지는 사회적 악을 제재하는 마음의 상징적 틀"이라고 주장한다.65) 마르크스에게 이데올로기는 거짓 의식, 즉 "특정 사회 질서가 신에 의해 제정되었거나, 자연에 의해 운명화되었거나, 전통에 의해 승화되었거나, 종교에 의해 승인되었다고 주장하기 때문에 양 당사자가 이를 필요한 것으로 받아들이는 무의식적 합리화"이다66). 마르크스에게 좋은 이데올로기는 없다. 그는 이데올로기를 부정적인 의미로 사용하여 "현상 유지에 대한 합리적 정당화 또는 부도덕한 실천의 배후에 있는 검토되지 않은 이론"을 의미한다.67)

---

63) Gregory Baum, *Religion and Alienation* (Mahwah, NJ : Paulist Press, 1975), 34.
64) 위의 책.
65) 위의 책.
66) Aloysius Pieris, S. J., *An Asian Theology of Liberation*, 26.

또한 기독교인으로서 나에게 중요한 것은 종교, 철학, 가치관이 물질적 생산 과정의 메아리라는 마르크스의 주장을 검토하는 것이었다.68) 이러한 과정의 배열은 대중에게는 억압적이고 엘리트에게는 유익하기 때문에 이러한 배열을 지배하는 사고 체계는 현 상태를 이데올로기적으로 정당화하고 억압받는 사람들을 위로한다. 이런 의미에서 마르크스는 종교를 이데올로기의 한 요소 또는 그 자체로 이데올로기로 보았다. 즉, 마르크스에게 종교는 현상 유지와 부도덕한 실천을 정당화하는 역할을 한다. 종교의 역할은 특권층과 권력층을 위한 현상 유지와 가난하고 소외된 자들에 대한 억압을 영속화하는 것이다.

2) 알로이시우스 피어리스

나에게 있어 이데올로기는 마르크스가 정의한 의미와는 다르다. 본래의 의미에 따라 나는 이데올로기를 허위의식이 아니라 의미의 틀, 즉 인간 활동을 가능하게 하는 이해와 가치관으로 이해한다. 이데올로기는 진리의 문제이며 행위의 문제이기도 하다. 따라서 이데올로기는 우리 삶의 의미와 관련된, 다소 일관성 있고 포괄적인 체계라고 할 수 있다.

---

67) 위의 책.
68) Karl Marx and Friedrich Engels, *On Religion* (New York, NY: Schocken Books, 1964), 77.

알로이시우스 피어리스에게 이데올로기는 본질적으로 프로그램적인 세계관(programmatic worldview)으로, "사회 정치적 질서 속에서 투쟁 없이 실현될 수 없는 이 세상의 미래"와 관련되어 있다. 피어리스는 이데올로기가 "분석 도구나 그 자체의 전제에 기반한 분별 방법을 통해 실현될 수 있다"고 제안한다. 마지막으로 피어리스에 따르면 이데올로기는 "그 자체의 본질적 특성으로 인해 그것이 표현하고자 하는 진리를 초월해야 한다"고 말한다.69)

피어리스는 이데올로기를 세계관, 즉 세계를 이해하고 관계 맺는 데 사용되는 틀이라고 설명한다. 그에게 세계관은 프로그래밍 방식이다. 그것은 "정신−영적 영역의 수반되는 변화와 함께 사회−정치적 질서의 급진적 개선이라고 생각하는 것에만 전적으로 관심이 있다."70) 피어리스에게 세계관 혹은 이데올로기의 목적은 현재의 무질서를 변화시키는 것이다.71) 이데올로기는 추상적인 추론이 아니라 불공정한 구체적인 사회 정치적 구조를 변화시키기 위한 프로그램적 관점을 포함한다. 이것이 바로 피어리스가 이데올로기란 투쟁을 수반하는 것으로 보는 이유이다. 이데올로기는 단순히 누군가를 설득하는 데 그치지 않고 세속적 진보를 가져올 프로그램에 대한 헌신을 요구한다.72) 이데올로기는 특정 목표를 달성하고자 하는 목표를 염두에 두고 있으며, 비전일 뿐만 아니라 구상된 미래에 도달하기 위해 현재

---

69) Aloysius Pieris, *An Asian Theology of Liberation* (Maryknoll, NY: Orbis Books, 1992), 24.
70) 위의 책, 25.
71) 위의 책.
72) 위의 책.

무엇을 해야 하는지에 대한 사명이기도 한다. 따라서 이데올로기는 잘 짜여진 사회 정치적 프로그램이나 프로젝트로 쉽게 변형될 수 있다.

또한 피어리스에게 세계관으로서의 이데올로기는 현실을 파악할 수 있는 인식론적 틀을 구성하며, 인간의 경험과 세계를 어느 정도 포괄적으로 설명하는 역할을 한다. 어떤 의미에서 피어리스의 이데올로기에 대한 이해는 종교에 대한 이해와 유사한다. 둘 다 "해방의 지평"을 가리킨다.73) 그러나 동시에 이데올로기에는 종교처럼 초월적인 차원이 존재하지 않기 때문에 이데올로기는 종교와 근본적으로 다르다. 간단히 말해서 피어리스에게 종교와 이데올로기의 차이는 절대적인 미래에 관한 것이다. 이데올로기는 절대적인 미래를 고려하지 않는 반면, 종교는 그것을 인정한다.74) 이데올로기의 대상은 이 세상의 세속적 진보이다.75) 반면 종교는 이 현세만 다루는 것이 아니라 "절대적인 미래, 완전히 타자를 가리키며 최종 해방의 지평에 대우주적 궁극성을 부여한다"고 말한다.76) 따라서 피어리스에게는 이데올로기와 종교 사이에는 연관성이 있다. 그는 종교가 제안하고 추구하는 "절대적 미래"는 "개인의 영적 성취뿐만 아니라 인간 사회의 가시적 구조를 통해서도" 이 세상에서 "기대되어야 한다"고 "단호하게" 믿는다. 피어리스에 따르면 이데올로기는 "일반적으로" 종교가 절대적 미래를 "예측"하는 데 필요한 "눈에 보이는 사회 구조, 전략 및 제도"를 제공한다.77)

---

73) 위의 책.
74) 위의 책.
75) 위의 책.
76) 위의 책.

이데올로기는 항상 "표현하고자 하는 진리를 초월"해야 하기 때문에 "이 세상의 미래"에만 관심을 갖지만, 항상 그런 것은 아니지만 종종 이러한 탐구에서는 종교의 영역에 도달하는 것으로 생각된다.

이데올로기에 대한 피어리스의 이해에서 마지막 한 가지 특징을 고려할 필요가 있다. 그는 세계관이 사회 질서를 개선하기 위한 프로그램을 개발하고 실행하기 위해서는 "특정 분석 도구 또는 그 자체의 (이데올로기적) 전제에 기반한 분별 방법"을 사용해야 한다고 설명한다.78) 이데올로기의 이러한 특징과 관련하여 두 가지 중요한 점을 짚고 넘어가야 한다. 첫째, 피어리스는 사회가 "단순히 개인들의 총합"이 아니라고 주장한다. 그가 말하고자 하는 요점은 개인의 개종이나 변화가 반드시 사회 구조의 변화로 이어지지는 않는다는 것이다. 그는 "사회에서 작동하는 반대 세력이 원하는 완전성을 달성하려는 개인의 노력을 압도한다"라고 말한다. 피어리스에게 있어 "고립된 개인이 바로잡힐 수 있는" 가능성은 존재하지 않는다. "사회와의 역동적인 관계"에서만 "올바르게" 될 수 있다.79) 사회적 존재로서의 인간에 대한 이러한 이해는 피어리스의 이데올로기 이해의 핵심이다.80) 또 다른 요점은 이것이다: 분석에 사용되는 도구가 이데올로기가 제안하고 장려하는 달성 가능한 미래에 대한 비전과 모순되어서는 안 된다. 예를 들어 정의는 부당한 방법으로 실현될 수 없다. 프로그램적 세계관

---

77) 위의 책.
78) 위의 책, 24.
79) 위의 책, 28.
80) 위의 책, 27-28.

은 모든 측면에서 이데올로기의 기본 전제에 응답해야 한다. 그래야만 "현재의 완전성에 대한 믿음이 완벽한 미래에 대한 희망에 의해 유지될 수 있다."81) 즉, 정의가 언제 어디서나 모든 상황에서 작동하는 세계관이 되어야 한다고 믿는다.

3) 후안 루이스 세군도

라틴 아메리카의 신학자 후안 루이스 세군도는 이데올로기의 개념에 대해 광범위하게 연구했다.82) 세군도는 이데올로기를 "인간의 모든 선택이나 행동에 필요한 배경이 되는 목표와 수단의 체계"라고 생각했다.83) 이데올로기는 모든 사람이 무엇이 중요하고 무엇을 추구해야 하며, 어떤 대가와 노력을 기울여야 하는지에 대한 전제와 관련이 있다. 세군도는 이데올로기가 '무엇이 중요한가'에 관한 것임을 강조하면서 가치 문제를 전면에 내세운다. 그의 표현을 빌리자면, 이데올로기는 "서로 연결된 가치의 논리적 체계"이다.84)

특히 세군도는 신앙과 이데올로기의 관계에 주목한다. 그의 저서 『신학의 해방』 에서 그는 이 질문을 직접 제기한다.85) 그의 대답은

---

81) 위의 책, 31.

82) Juan Luis Segundo, *Liberation of Theology* (Maryknoll, NY: Orbis Books, 1976), 102; Juan Luis Segundo, *Faith and Ideologies* (Maryknoll, NY: Orbis Books, 1984), 16.

83) uan Luis Segundo, *Liberation of Theology* (Maryknoll, 102.

84) 위의 책, 105.

85) 위의 책, 102.

피어리스가 이데올로기와 종교를 구분한 것과 맥락을 같이 한다. 이데올로기는 신앙처럼 절대자에 관한 것이 아니다. 오히려 이데올로기는 "느린 성숙의 과정을 통해 역사적 요구와 필요성에 적응"한다.[86] 세군도는 이데올로기가 "절대적인 특징"을 가지고 "다른 모든 것에 조건을 부과하여 역사가 그 장단에 맞춰 춤을 추도록 강요해서는 안 된다"고 분명하게 경고한다.[87] 그러나 "이데올로기는 상대적인 가치를 지닌 주장에 근거하지만", 주관적으로는 "절대적인 가치로" 살아간다.[88] 이것이 바로 이데올로기가 신앙과 혼동되는 이유이다. 세군도에게 이데올로기는 우리가 하나님을 아는 방법과 역사의 전개 과정에서 직면하는 문제 사이의 다리 역할을 한다. 그는 이렇게 말한다: 다시 말해, 우리의 이론은 우리가 신앙에서 받아들이는 하나님에 대한 개념과 끊임없이 변화하는 역사에서 우리에게 다가오는 문제들 사이에 빈 공간이 있다고 가정한다. 따라서 우리는 하나님에 대한 우리의 개념과 현실의 역사 문제 사이에 다리를 놓아야 한다. 이 다리, 잠정적이지만 필요한 수단과 목적의 체계를 우리는 이데올로기라고 부른다.[89]

세군도는 이데올로기에 대한 자신의 이해를 설명하기 위해 성경의 한 사례를 인용한다. 약속의 땅에 도착한 이스라엘 백성을 생각해 보라. 그들에게 적을 섬멸하는 것은 특정한 역사적 상황에 직면하여 하

---

86) 위의 책, 102.
87) 위의 책.
88) 위의 책. 107.
89) 위의 책, 116.

나님이 누구이며 그분이 무엇을 명령하시는지를 가장 명확하게 파악할 수 있는 가장 확실한 방법이었다. 따라서 적의 근절은 비판적 사고의 유무와 관계없이 그 당시 신앙이 채택한 이데올로기였다.90) 이스라엘 사람들의 신앙은 영구적이고 고유한 것이었지만, 그들의 이데올로기는 여러 역사적 상황에 따라 변화했다.91) 그들의 믿음은 그들을 절대자와 접촉하게 했고, 그들의 이데올로기는 하나님이 명령했다고 믿는 것에 근거했지만 상대적인 것이었기 때문에 그들의 믿음은 역사에 맞게 조정되었다. 믿음은 이데올로기를 통해 작동한다. 이데올로기는 믿음에 의존한다. 이념의 본질과 기능은 다르지만 서로 연관되어 있다.

세군도는 신앙을 새로운 역사적 상황과 연관시키는 한 가지 가능한 접근 방식은 "우리와 동시대의 복음 메시지에 의해 구성될 수 있는 이데올로기를 발명하는 것"이라고 제안한다. 이러한 이데올로기를 발명하려면 신앙과 현재의 상황 사이에 기능하는 다리를 놓아야 하며, 이를 위해서는 지금 여기에서 창의성이 요구된다.92)

세군도는 "이데올로기가 없는 믿음은 죽은 믿음이나 마찬가지"라고 말한다.93) 이념이 없는 믿음은 행동으로 이어질 수 없다. 신앙, 이념, 행동은 본질적으로 서로 연결되어 있으며 각각 고유한 역할을 한다. 이런 의미에서 신앙이 채택한 이념의 임무는 단순히 세상을 해석

---

90) 위의 책.
91) 위의 책.
92) 위의 책, 117-118.
93) 위의 책, 121. Segundo, *Faith and Ideologies*, 106-110.

하는 것이 아니라 세상을 변화시키는 것이다. 그는 신앙이란 "이념을 통한 성숙, 즉 인간의 현실적 해방이 달려있는 이념적 과제를 완전하고 양심적으로 수행할 수 있는 가능성"이라고 주장한다.[94]

신앙은 이데올로기와 분리될 수 없으므로 신앙은 이데올로기적 성격을 가지고 있다고 결론을 내릴 수 있다. 신앙은 개인의 도덕적 의사 결정을 넘어 사회 정의나 정치적 문제와 관련이 있기 때문에 실제로 이데올로기적 성격을 띠고 있다. 따라서 신앙은 이데올로기뿐만 아니라 실천 지향적이며 구체적인 상황을 개혁하거나 변화시키기 위한 전략과도 관련이 있다.

마지막으로 한 가지 고려해야 할 점이 있다. 이데올로기와 신앙의 상호 연결은 실천의 차원뿐만 아니라 개념과 설명의 차원에서도 관련이 있다. 즉, 이데올로기와 신학 사이에는 연관성이 있다. 주어진 신앙에 대한 설명으로서의 신학은 신앙을 유지하는 이데올로기를 고려할 필요가 있다.[95] 세군도는 이데올로기는 절대적이지 않기 때문에 특정 역사적 상황에서 발생하는 이데올로기에 대한 의문은 의혹을 불러일으킨다고 말한다. 이러한 의심은 "일반적으로 전체 이데올로기적 상부 구조와 특히 신학, 그리고 성경에 적용되어야 한다"고 말한다.[96] 신학과 성경을 다시 읽으면 이데올로기를 다듬고 재정의하는 데 도움이 되는 새로운 해석학을 얻을 수 있다.

---

94) 위의 책, 122.
95) 위의 책. 25.
96) 위의 책, 9.

4. 결론

자서전적인 신앙 여정을 통해 정의를 가치이자 미덕으로서, 불의를 없애기 위해 습관적으로 행동하는 방식으로 이해하게 되었다.[97] 내가 이해하는 정의란, 불의한 행위의 구체적인 상황에 대응하는 정의 실현을 의미한다. 본 논문에서는 정의를 권력의 부재나 자원의 제한으로 인해 누구도 소외되거나, 차별받거나, 억압받는 일이 없는 사회를 만드는 맥락에서 고찰한다. 정의 실현은 억압으로부터 사람들을 해방시키고, 원한을 해소하며, 남북한 모든 한국인을 위한 화합과 공동체를 건설하는 것을 포함한다. 그렇다. 정의는 내 이념의 핵심이자 신앙의 근간이다. 나는 통일을 21세기 한국에서 정의 실현의 한 요소로 이해한다.

대학생 시절 한국 학생 민주화 운동에 참여하면서 불의를 직접 목격하게 되었다. 이제 와서 생각해 보니, 대학 시절의 경험이 내게 하

---

[97] The five forms of injustice that I have discussed in this chapter.

나의 이념을 형성하게 해 주었고, 세군도의 해석학적 순환에 따라 내 신앙을 되돌아보게 하는 계기가 되었다. 나는 예수님의 복음 메시지가 사랑뿐 아니라 정의, 즉 사회 정의에 관한 것임도 깨달았다. 박정희 정권에 대한 학생 민주화 운동에 참여하면서 나는 하나님이 소외되고 가난하고 억압받는 자들의 편에 서 계시며, 해방이 구원의 핵심 요소임을 믿게 되었다. 학생 민주화 운동에 참여하면서 나는 정의를 위한 투쟁에서 종교와 신학이 어떤 역할을 할 수 있는지를 경험하였다. 이념 없는 신앙은 죽은 신앙이며, 종교와 신학이 이념에 영향을 미친다는 것을 깨닫고 내 신앙을 되돌아보게 되었다.

미국에서 15년간 살면서 멀리서 한국을 바라보니, 21세기 한국 사회의 정의가 어떤 모습인지 이해하기 어려웠다. 곧 고국에 돌아가서 한국을 보니, 남북한 사이의 거대한 간극이 마치 아물지 않은 상처처럼 느껴진다. 이러한 불의한 상황은 남북한 내부의 정의롭지 못한 것이 있는 결과이다. 이 간극을 메우기 위해서는 남북한 양쪽 모두에서 억압이 만연한 현실을 직시해야 한다. 나는 한국 통일이 남북한 사회 모두에서 정의를 실현하는 노력과 분리될 수 없다고 생각한다. 이러한 생각은 나로 하여금 해방, 화해, 그리고 친교(일치)를 한국 정의 실현의 핵심 요소로 보게 했다. 본 논문에서는 민중신학에서의 해방, 상생신학에서의 화해, 그리고 통일신학에서의 친교의 의미를 분석하여, 21세기 한국 사회가 직면한 통일과제를 잘 해결 할 수 있는 한국의 신학적 윤리를 구축하고자 한다.

제2부

한반도 통일과 민중신학

신학은 특정한 상황을 반영한다. 특정한 사회 현실에서 비롯된 신학은 상황의 진실을 드러내고, 이 구체적인 현실을 성경과 모든 종교 사상에 적용한다. 민중신학은 1970년대에서 1980년대 사이 한국 사회의 억압된 정치·경제적 상황에서 등장했는데, 이는 종교개혁 이후의 전통적인 신앙을 기반한 서구 신학이 등장했던 상황과는 매우 달랐다.

민중신학을 정의하는 것은 바로 "민중 경험"이다. 민중신학은 민중의 한의 경험에는 인식론적 특권이 부여되어야 하며, 민중은 스스로의 해방을 성취하는 데 적극적으로 참여하는 능동적인 주체라고 주장한다. 민중경험은 민중의 이념이나 세계관의 핵심이다. 또한 한(恨)은 민중이 해방을 위한 실천과 분리될 수 없는 이유를 이해하는 열쇠 역할을 한다. 민중신학과 라틴아메리카 신학은 한국과 남미의 가난한 자들의 자각과 그들의 생존 투쟁에 기반을 두고 있다. 두 신학 모두 고유한 목소리를 가지고 있으며, 구체적이고 특수한 경험에 기반한다. 두 신학 모두 유럽 기반 신학을 무비판적으로 수용하지 않는다. 두 신학은 유럽과 미국 신학의 기반을 이루는 상황과는 다른 정치적, 경제적, 종교적, 문화적 상황에서 출발한다. 민중신학과 라틴아메리카 신학의 내용과 방법은 서로 다르지만, 오랜 식민지 시대의 결과로 수 세기 동안 빈곤과 정치적 억압 속에서 고통받아 온 사람들, 즉 한국의 민중과 라틴아메리카의 푸에블로의 해방과 역량 강화라는 목표를 공유한다.

이 장에서는 라틴아메리카 신학에서의 해방 개념을 탐구하며, 특히 라틴아메리카 해방신학을 최초로 정립한 신학자인 구스타보 구티에레스의 저작에 초점을 맞출 것이다. 이어서 박정희 정권 시대의 억압과 불의의 맥락에서 등장한 20세기 한국 해방신학인 민중신학에서 해방의 의미를 검토할 것이다. 이 두 신학에서 해방에 대한 이해는 윤리-신학적 의미의 핵심이며, 둘 다 해방을 "하나님 나라"와 연결한다. 하나님 나라를 논할 때, 나는 안병무, 서남동, 김용복과 같은 민중신학자들98)의 저작에 초점을 맞출 것이다. 이들은 모두 1세대 민중신학자들이며, 이들은 모든 한국인의 해방이라는 비전을 통해 하나님 나라의 중심성을 말한다. 하나님 나라 실현을 위해 노력하는 것이 한국 기독교 윤리와 한국 해방 운동의 핵심임을 분명히 한다.

---

98) 민중신학에는 적어도 세 세대가 있다. 첫 번째 세대는 서남동, 안병무, 김용복, 서광선, 현영학 같은 교수들이었다. 그들의 목표는 민중 해방이었다. 두 번째 세대는 첫 번째 세대의 추종자들로, 후자로부터 교육을 받았다. 박성준, 강원돈, 서진환, 박재선, 권진관 등이 그들이다. 세 번째 세대는 공장, 농장, 도시 빈민가의 억압적인 상황에 깊이 빠져 신학을 실천했다. 이들 중에는 김진호, 최형묵, 김명수, 김경호 등이 있다. 김진호, 이숙진, "한국적 근대성과 민중신학에 대한 회고와 전망", PTCA 자문회의 2001 참조. 노정선, 『통일의 하나님─통일신학을 향하여』 (서울: 연세대학교, 1990).

1. 라틴 아메리카 해방신학의 해방

해방은 라틴 아메리카신학의 이데올로기이다. 구스타보 구띠에레즈(Gustavo Gutiérrez)는 세 가지 측면에서 해방의 의미를 보고 있다: 정치 경제적인 측면에서의 해방, 비인간화로부터의 해방 그리고 죄로부터의 해방.99) 첫 번째 측면에서의 해방은 부자에 의한 가난한 자에 대한 탄압, 즉 자본가에 의한 노동자에 대한 억압을 언급한다. 여기서 억압이란 다른 말로 착취라는 용어로 표현할 수 있는데 이는 부정의 한 경제적 정치적 그리고 사회적 구조들 안에서 제도화된 것을 말한다. 이런 면에서 해방은 사람들이 물질적으로 풍요롭게 살 수 있도록 가능하게 하는 사회-경제-정치적인 구조들의 변혁을 뜻한다.

두 번째 측면에서의 해방은 비인간화의 억압을 다룬다. 비인간화의 해방의 범위는 인간성을 상실한 사람들뿐만 아니라 반면에 인간성을 잃게 하는 사람들 모두를 포함한다. 여기서 해방이란 먼저 가난한자들 그리고 억압받은 자들이 온전한 인간성을 회복하기 위한 투쟁으로서의 과정을 말한다.

마지막으로 세 번째 억압의 측면은 죄에 관한 것이다. 구띠에레즈에 의하면 죄는 부정의와 억압을 야기하는 궁극적인 원인이다. 죄는 삶의 모든 차원에 스며들어 있다. 죄로부터의 해방은 하나님과의 관계 회복과 이웃과의 진정한 교제를 이루는 것이다.100)

---

99) Gustavo Gutiérrez, *A Theology of Liberation,* (Maryknoll, NY: Orbis Books, 1988), 24-25; Gustavo Gutiérrez, *The Truth Shall Make You Free Confrontations,* (Maryknoll, NY: Orbis Books, 1991), 128-141.

1) 사회 해방

　많은 라틴 아메리카인들이 가난과 억압을 경험하는 동안 라틴 아메리카 신학자들은 이런 비참한 상황을 초래하는 구조적인 원인들을 찾았다. 1960년경에 라틴 아메리카 해방신학을 최초로 주창한 구띠에레즈와 또 다른 신학자들은 개발의 정책들을 비판적으로 재조사를 했다. 라틴 아메리카의 대부분 나라들이 저개발 국가들이다. 저개발 국가들인 라틴 아메리카의 나라들이 미국과 유럽의 나라들을 문화적 사회적 그리고 경제적인 모델로 삼아 개발 정책을 해 나갔다. 그러나 개발 정책은 성공하지 못했고 오히려 1950년대와 60년대 동안 라틴 아메리카 나라들은 시간이 갈수록 미국과 유럽의 나라들에 종속되어지는 비참한 현실이 나타나기 시작하였다.

　라틴 아메리카의 외부적인 종속은 내부적인 종속을 또한 만들어 내었다. 대부분의 많은 가난한 자들은 적은 수의 통치세력에 종속돼 갔다. 라틴 아메리카 나라들의 사회 경제 그리고 정치적 면에서 힘을 가진 자들은 계속 역사적으로 변하지 않는 적은 수의 힘 있는 무리였다. 외부적인 경제적 종속이 내부적으로 사회 계층을 공고히 하는 것에 공헌한 셈이었다. 저임금근로자, 도시와 농촌의 가난한 자들이 그들의 사회적 위치를 바꿀 수 있는 힘을 더욱 가질 수 없게 된 것이었다.101) 이런 종속은 해방의 과정을 위하여 기본적으로 숙고되어야 할 첫 번째 대상이었다.

---

100) Gutiérrez, *A Theology of Liberation*, 25.
101) 위의 책, 49-54.

라틴 아메리카 해방 신학자들은 사회-정치적인 해방 없이는 가난한 자들의 문제를 풀 수 없다고 이해했다. 라틴 아메리카 해방 신학자들은 마르크스주의자(Marxist)의 계급분석을 수용하여 1960년대의 라틴 아메리카의 사회경제적 분석을 하는 데 사용했다. 그런데 구띠에레즈는 마르크시즘(Marxism)의 수용에 있어 마르크스주의자의 이데올로기의 요소들을 다 받아들이는 것은 아니라고 분명하게 주장하였다. 예를 들어 역사적 유물론이나 인간의 자유를 부정하는 그런 이데올로기들을 수용하는 것은 아니라고 말한다.102) 해방신학은 마르크스주의자의 이데올로기와 관련하여 비판적인 입장을 견지하면서 순수하게 도구로서 마르크시즘을 사용한다.103) 라틴 아메리카 해방 신학에서 수용하는 마르크스주의자의 사회분석은 라틴 아메리카의 가난의 중요한 원인들을 이해하는 데 도움을 주었다.

처음 라틴 아메리카 해방신학은 문화적인 지배(cultuarl domination)에 충분히 주의를 기울이지 못했었다. 그러나 문화적 종속과 소외는 경제적 지배와 이어지는 사회 정치적인 지배에 따른 최악의 결과물들이었다. 경제적인 종속은 자국민이 갖고 있던 고유의 문화에 맞지 않는 나쁜 가치들을 생산해 내었을 뿐만 아니라 그들 자신의 문화에 대한 자긍심을 갖지 못하게 만들었다. 점차 그들은 자기 나라와 문화에 대한 정체성들을 잃어가기 시작한 것이었다.104)

---

102) Gutiérrez, *The Truth Shall Make You Free*, 60, 63.

103) Leonardo Boff and Clodovis Boff, *Introducing Liberation Theology*, (Maryknoll, NY: Orbis Books, 1987), 28.

104) Rosino Gibellini, ed., *Frontiers of Theology in Latin America*, (Maryknoll, NY: Orbis Books, 1979), 171.

종교적인 종속도 문화 경제적인 종속과 똑같은 길로 찾아왔다. 종속의 다른 형태처럼, 종교적인 종속도 두 부분으로 볼 수 있다. 첫째 외부적으로 라틴 아메리카 교회들은 다른 나라들의 교회들로부터 중요한 보조금을 받아왔다. 이는 결과적으로 다른 나라의 영향을 신학적으로 그리고 목회적으로 받아 온 것이었다. 둘째 내부적으로 라틴 아메리카 교회들은 특별히 로만 카톨릭 교회로부터 사제들의 봉급, 사회적 프로그램을 위한 자금 등을 지원 받아왔다. 지원받아 온 교회들의 가르침과 설교는 로만 카톨릭 교회들의 영향을 무시할 수는 없었다. 이런 내부적인 종속은 종종 진실 된 복음의 메시지 선포와 가난한 자들에게 헌신하는 것들을 약하게 만들었다.

구띠에레즈의 신학적 작업은 1960년대 살았던 많은 주교들과 사제들 그리고 수녀와 평신도들에게 교회가 가난한 자와 억압 받는 자들을 대신하여 활동해야 한다는 믿음을 갖게 만들었다. 가난의 주요한 원인은 억압적인 사회-경제적인 구조들이기 때문에105) 근본적인 변혁이 필요하였다. 사람들이 보다 더 인간적으로 살기위하여 철저한 근본적인 변혁은 모든 악들을 물리치는 것만이 아니라 더 나아가 사회를 보다 더 나은 사회로 나아갈 수 있도록 사회적 여건들을 창조해 가는 것이었다. 이는 하나님의 뜻에 반대되는 사회적 여건들로부터의 해방을 의미한다.106)

---

105) Gutiérrez, *A Theology of Liberation.* xxxviii.
106) 위의 책.

2) 인간 해방

구띠에레즈는 철저한 사회 경제적 질서의 구조적 변혁은 각 사람의 근본적인 변화 없이는 일어날 수 없다고 주장한다.107) 근본적인 변화는 사람들을 보다 더 완전한(full) 인간이 되게 하는 것이다. 이는 사회적 구조들을 변화시킬 수 있는 인간의 책임성에 그 기반을 두고 있다.108) 구띠에레즈에 의하면 인간이란 자기 자신의 운명에 의식적인 책임을 가져야 한다. 이러한 관점은 바람직한 사회변화의 지평을 넓혀줄 뿐 아니라 역사와 삶을 통하여 인간 자신들의 인간미를 모든 차원에서 주체적으로 만들어 갈 수 있다는 생각을 더 밝혀줄 수 있게 한다.109)

두 번째 차원의 해방은 새로운 사회는 물론 새로운 인간을 요구한다. 새로운 인간에 의해 이루어지는 해방의 과정은 단지 인간의 자유를 효과적으로 실행 할 수 있도록 여건들을 창조하는 것이다. 진정 해방이란 인간의 자유를 위해 투쟁하는 사람들이 앞으로 패배 할 것을 고려하지 않는 것을 뜻한다.110) 이런 인간 해방이 진정한 정치적 해방을 위해서 꼭 필요한 것이다.

구띠에레즈는 인간 자유의 중요성을 강조한다. 그에 의하면 구조들이란 항상 구체적인 사람들에 의존해 있는 것이고, 그 사람들은 자기들이 진정 원할 때 그 일을 반드시 행한다. 모든 사회의 유형은 이렇

---

107) 위의 책, 17-22; Gutiérrez, *The Truth Shall Make You Free*, 132.
108) Gutierrez, *The Truth Shall Make You Free*, 132.
109) 위의 책.
110) 위의 책, 135.

게 자유를 기반으로 하고 있을 뿐만 아니라 또한 정의를 기반으로 해야 하는 것이 본질이다. 내부적인 해방을 추구하기 위하여 인간의 자유는 내적인 차원을 가진다. 즉 사람들은 사회적인 측면의 해방만이 아니라 심리적인 측면에서도 해방을 바란다. 이런 내적인 자유를 위해서 강력하게 인간이 바라는 대상이 무엇인가를 고려하는 것이 필요하다. 인간의 바람은 행동의 기준이 되고 자신의 헌신을 이끌어 내는 충분한 이유가 되기 때문이다.111)

구띠에레즈는 개인적인 자유가 온 사회에 확대돼야 한다고 주장한다. 다수를 위한 자유를 얻는 것이 아니라 모든 이들을 위한 자유를 확보하는 것이다.112) 이러 면에서 진정한 자유를 점진적으로 얻는 것은 새로운 인간을 창조하는 것이고 그리고 전혀 질적으로 다른 사회를 만들어 가는 것을 초래한다. 그는 자유를 역사적으로 정복해야 할 것으로 본다. 진정한 자유란 인간을 억압하는 모든 힘들에 대항하는 노력 없이 얻어지는 것은 없다. 목표는 너 나은 삶의 여건이 아니라 사회적인 혁명과 같은 근본적인 사회구조들의 변화이다. 그리고 거기서 더 나아간다. 결코 끝나지 않는 인간됨의 새로운 방법에 대한 계속적인 창조 즉 영원한 문화적인 혁명이다.113) 이런 인간됨의 자유의 과정은 세계를 교육하고 변혁시키는 것에 공헌한다.114) 이러한 변혁은 개인적인 인간 내적 해방을 포함한다.115) 그런 다음 해방은 인류

---

111) 위의 책.
112) 위의 책, 134.
113) Gutiérrez, *A Theology of Liberation*, 21.
114) 위의 책, 19.

의 연대 안에서 더욱 충만하고 완전한 인간성을 이루기 위하여 질적으로 새로운 방법들을 정복하는 것으로 나아간다.116)

구띠에레즈에 의하면 인간은 자기 자신의 운명을 주체적으로 책임지는 존재다. 이런 이유 때문에 집단적이고 역사적인 해방은 물론 개인적이고 심리적인 해방이 필요하다고 말한다. 소외와 착취에 대항하여 투쟁하는 방법이 새로운 사회와 새로운 인간을 건설하는 것에 중요하지만 개인적이고 심리적인 측면에서의 해방을 위한 싸움에도 물론 중요하다고 그는 지적한다.117)

3) 종교적 해방

성서는 예수 그리스도를 해방을 가져 오신 분으로 말하고 있다. 예수 그리스도의 중요한 일은 죄로부터 해방하는 것이다. 여기서 죄는 모든 부정의와 억압 그리고 모든 우정 붕괴의 궁극적인 뿌리가 된다.118) 구띠에레즈에 의하면, 죄란 예수 그리스도를 영접하지 않은 것이며 다른 사람을 사랑하지 않는 것을 뜻한다. 그리고 죄는 인간이 살아가는 삶 속에 있는 부정의와 억압의 궁극적인 원인이다.119) 그러므로 죄는 하나님에게 그리고 이웃에게 등을 돌리는 것을 의미한다.

---

115) 의의 책, 20.
116) 위의 책, 22.
117) 위의 책, 20.
118) Gutiérrez, *The Truth shall Make You Free*, 136.
119) 위의 책.

구띠에레즈에 의하면 죄란 개인적인 행위는 물론 사회적인 현상을 뜻한다.[120] 부정의 한 구조 배후에는 개인적인 또는 집합적인 의지 즉 기꺼이 하나님과 이웃을 반대하는 것이 있다.[121] 죄는 부정한 상황의 뿌리일 뿐 아니라 개인적인 자유의 행위의 결과이다. 사회는 진정한 인간의 자유로운 행위의 따른 죄의 영향을 받는다.[122] 죄란 사랑을 거부하는 것이고 우정과 연합을 거절하는 것이고 그리고 인간현 존재의 의미를 알지 못하는 것이다.[123]

해방은 죄로부터의 자유뿐만 아니라 하나님과의 온전한 합일을 위한 자유를 말한다. 다른 말로 표현하면 죄로부터의 해방은 하나님과 이웃과의 연합을 가능하게 한다.[124] 해방은 우리 삶에서 일어나는 모든 일과 이웃들과의 만남들을 긍정적으로 만드는 역할을 한다. 이런 면에서 해방이란 예수 그리스도가 인간에게 진정한 자유를 주셔서 사람들로 하나님과 교제할 수 있도록 하게 한 것을 뜻한다. 이는 모든 인간 우정을 위한 기본을 이룬다.[125] 그러므로 하나님과 그리고 이웃과의 인간의 연합은 해방의 궁극적인 목적이다.[126]

교회는 예수 그리스도의 공동체로서 그리고 해방을 위한 투쟁을 하는 제자들로서 사회정의에 반대하는 모든 것을 공적으로 비판해야 한

---

120) 위의 책, 137.
121) 위의 책.
122) 위의 책.
123) 위의 책, 138.
124) 위의 책, 138-139.
125) 위의 책, 135.
126) 위의 책, 139.

다. 이런 공적인 비판(denunciation)은 현존하는 부정의 한 질서로부터 연관되지 않기 위한 의도를 분명하게 하는 한 방식이다.127) 교회는 현존하는 부정의 한 사회 질서를 유지하기 위해 그리고 정당화하기 위해 기독교를 이용하는 부유한 자들의 삶의 방식을 반대해야 한다. 이러한 행동들은 교회와 힘을 가진 사람들과의 관계에서 갈등들 초래하게 될 것이다. 그러나 거기에는 다른 선택의 여지가 없다. 비판은 공적으로 해야 한다. 억압자들과 억압 받는 자들이 공히 교회의 선택을 알도록 하기 위함이다.

교회는 부정의와 착취가 없는 새로운 사회에 관한 좋은 소식을 알려야 한다. 교회는 사회 부정의의 뿌리를 알려야 하고 인류를 위한 하나님의 사랑의 현재성을 선포해야 한다. 이런 고지(annunciation)의 선포는 억압자들과 억압받는 자들에게 자유를 줄 것이다. 그리고 조화 안에서 그들이 더불어 살아가도록 한다.128) 교회의 공적인 비판과 좋은 소식을 알리는 것이 말과 행동으로 함께 되어야 한다. 구띠에레즈는 이러한 공적인 비판과 좋은 소식을 알리는 모든 활동들은 인간화와 의식화의 증진을 사회 안에서 도모하는 역할을 한다고 본다.129) 그는 교회의 교리들에 대하여 도전하지 않는다. 오히려 가난한 자들을 해방하게 하는 교회의 사명에 대하여 말한다. 억압적인 권력을 유지하게 하고 도와주는 어떠한 결정도 교회는 피해야 한다. 사랑과 평화는 결코 불평등 위에서는 세워지지 않기 때문이다.

---

127) Gutiérrez, *A Theology of Liberation*, 68.
128) 위의 책, 155-161.
129) 위의 책, 155-156.

2. 민중신학의 해방

민중신학에서 말하는 해방의 의미는 라틴아메리카 해방신학에서 말하는 해방과 유사하다.130) 민중신학의 핵심은 한국 민중이 사회문화적, 정치경제적 억압으로부터 해방되는 것이다. 민중신학은 가난하고 억압받는 사람들이 겪는 불의에 초점을 맞추고 있다. 민중신학의 목표는 인간 삶의 풍요로움에 긍정적으로 기여할 수 있는 정의로운 사회를 건설하는 것이다. 민중신학에서 말하는 해방은 "온전한 인간성"을 개발하는 것이다.131) 민중신학에서 해방의 의미를 이해하기 위해서는 첫째, 민중신학이 정교화되기 시작할 당시 한국은 신식민지 착취와 군사독재로 인해 가난과 굶주림, 억압에 빠져 있었다는 점을 기억해야 한다. 둘째, 아시아의 다른 지역과 마찬가지로 한국에서도 "종교는 삶의 철학"132)이기 때문에 서양에서는 해방을 "총체적" 개념으로 말한다.

민중신학에서 해방의 의미에 관한 논의를 시작하는 좋은 출발점은 민중신학이 기독교 역사와 비기독교 역사 사이의 구분을 어떻게 해체하는지를 분석하는 것이다. 민중신학은 비기독교 담론에 대한 기독교

---

130) Gustavo Gutierrez, *A Theology of Liberation* (Maryknoll, NY: Orbis Books. 1988), 25, 17-22, 해방에 관해 사회적 해방(social liberation), 인간적 해방(human liberation), 그리고 종교적 해방(religious liberation)을 말한다. 박삼경, "민중신학과 라틴 아메리카신학의 해방의 의미"『기독교사회윤리』 제 24집 (2012) 125-150 참조.

131) Virginia Fabella, ed., *Asia's Struggle for Full Humanity* (Maryknoll, NY: Orbis Books, 1980), 122, 152, 156-157

132) Aloysius Pieris, *An Asian Theology of Liberation* (Maryknoll, NY: Orbis Books, 1992), 25

담론의 지배를 거부한다. 지배적인 기독교 담론은 서구 근대의 지배 이데올로기의 필수적인 요소이다. 대신 민중신학은 소위 '불경한 이 야기'를 성스러운 이야기로 해석하고 민중 전통과 성서라는 '두 이야 기의 결합'133)을 시도한다. 이 조합은 자연스럽지 않다. 민중전승과 성경이 각자의 정체성을 유지하면서 서로를 비판하는 변증법적 조합 이다. 이 조합의 가장 중요한 측면은 민중의 저항 정신이 억압자들에 대항하여 살아 숨 쉬는 방식이다.

1) 민중신학 주요 내용134)

민중신학은 민주주의와 인권을 위한 한국 기독교 투쟁의 맥락에서 등장했다. 민중신학은 다른 민주주의 운동과 함께 1970년대와 80년 대에 한국에서 만연했던 사회 정치적 억압에 대한 인식을 불러일으켰 다. 이 시기 민주화를 향한 진전 과정에서 민중신학자들은 민중을 주 목해야 한다고 주장했다. 서광선 교수에 따르면 '민중'이라는 용어는 사람 민(民)과 대중 중(衆)이라는 두 한자가 합쳐진 말이다. 민중은 문자 그대로 "민중의 대중"으로 번역된다.135) 그러나 민중의 의미는 정치적으로 억압받고, 경제적으로 박탈당하고 착취당하는, 그래서 가

---

133) 서남동, "두 이야기의 합류"『민중과 한국신학』(서울: 한국신학연구소, 1985) 271.
134) 박삼경,『하나님 나라의 이해』49-69 내용 일부 재인용 .
135) Suh David Kwang-Sun, "A Biographical Sketch of an Asian Theological Consultation" in Minjung Theology: People as the Subjects of History, ed., CTC-CCA (Maryknoll, NY: Orbis Books, 1981), 16.

난하고 사회적으로 소외되고 문화적으로 종교적으로 억압받는 사람들을 지칭하는 보다 포괄적인 의미이다. 성서 민중신학자 안병무 교수에 따르면, 민중은 공관복음서에서 민중 또는 대중을 지칭하는 데 사용된 두 가지 그리스어 용어 중 하나인 복음서의 오클로스와 동일시할 수 있으며, 다른 하나는 라오스이다. 라오스는 일반적으로 민중을 의미하는 데 사용되었다. 반면 오클로스는 죄인, 세리, 창녀, 죄수, 병자, 갈릴리에서 버림받은 자들을 가리킨다.136) 안병무는 마가가 의도적으로 라오스 대신 오클로스라는 용어를 사용한 것은 정치적, 문화적으로 고립된 사람들, 대부분 가난하고 멸시받는 사람들에 초점을 맞추기 위한 것이라고 주장한다.137) 또한 오클로스는 예수님 주변에 모여 예수님이 하나님 나라의 백성으로 보았던 청중이었다.138) 오클로스는 갈릴리의 민중이었다. 안병무는 예수님이 억압받고 소외된 사람들의 편에 무조건적으로 섰다는 점을 근거로 오클로스의 개념을 한국의 민중과 동일시한다.

한국 역사에서 민중은 정치적으로 억압받고, 경제적으로 착취당하고, 사회적으로 소외되고, 문화적으로 멸시당하고, 의도적으로 교육을 받지 못한 노동자와 농민, 여성과 빈민이었다. 한국 역사에서 민중은 정치적 억압과 경제적 착취뿐만 아니라 극심한 계급주의에 기반한 편견으로 인해 엄청난 고통을 겪었다. 특히 이씨 왕조(1392~1910)의 유교 정치 이데올로기는 상류층(양반)과 하류층(쌍놈)으로의 계

---

136) 안병무, 예수와 오클로스"『민중과 한국신학』 (서울: 한국신학연구소, 1985) 99-100.
137) 위의 책, 103.
138) 위의 책, 91.

급 분리를 정당화하고 경직되게 만들었다. 쌍놈은 일반적으로 양반을 위해 일하면서 그들의 일상적인 필요를 충족시켰으며, 종종 하인으로 영구적으로 양반과 함께 거주했다. 쌍놈의 모든 활동은 사회의 중심이었던 양반 가정을 중심으로 이루어졌다. 쌍놈들의 생활 환경은 극도로 열악하고 거의 절망적이었다. 그들은 깊은 상처와 아픔, 슬픔과 원한을 가슴에 품고 살았고, 이를 한(恨)이라고 불렀다. 그들은 해결되지 않은 원한과 절망을 후대에 대물림했다. 한국인으로 태어나면 자각하든 자각하지 못하든 한을 경험하게 된다.

김용복 교수에게 민중은 역동적이고 변화하며 복합적인 살아있는 현실을 의미한다. 이 살아있는 현실은 스스로 경험을 규정하고 역사 속에서 새로운 행위와 드라마를 생성하며, 개념적으로 규정되는 것을 원칙적으로 거부한다"고 말한다.139) 김용복은 민중이 스스로 자신의 역사를 만들어가는 역사의 주체라고 전제한다. 그는 민중의 사회적 전기를 주요한 역사적 준거로 삼고, 민중은 그들 자신의 이야기, 그들 자신의 사회적 전기를 통해 알려진다. 그들의 삶의 이야기는 단순히 그들의 이야기가 아니라 민중 삶의 기본 형태이다.140) 그는 민중이 메시아로 동일시되는 것이 아니라 장차 메시아 통치가 실현될 때 그들은 역사의 주체로서 민중이 될 것이라고 가정한다.

민중신학자들은 민중들의 한(恨)에 찬 삶을 신학적 관점에서 해석

---

139) Kim Yong-Bock, "Messiah and *Minjung:* Discerning Messianic Politics over against Political Messianism" in *Minjung Theology: People as the Subjects of History,* ed., CTC-CCA (Marynoll, NY: Orbis Books: CTC-CCA, 1983), 184.

140) Kim Yong-Bock, *Messiah and Minjung: Christ's Solidarity with the People for New Life* (Kowloon: Hong Kong, Christian Conference of Asia, 1992), 5-7.

한다.141) 민중신학자들은 하나님이 선교선을 타고 한국에 오신 것이 아니라 민중의 한가운데142) 이미 하나님이 계셨다고 주장한다. 한을 품은 한국인의 마음속에는 여전히 충만한 삶에 대한 갈망이 숨어 있다. 서남동교수는 한국 기독교인들이 한을 주제로 삼아야 한다고 주장하는데, 한은 실제로 한국인의 경험의 중심 요소이기 때문이다.143) 민중의 한숨인 한을 듣지 못하면 문을 두드리는 그리스도의 음성을 들을 수 없다는 것이다. 박 앤드류 성은 한이 불의를 경험하는 피해자들의 고통이라고 지적한다.144) 박 앤드루 성은 한을 능동적이기도 하고 비능동적이기도 한 것으로 이해한다.145) 한은 감정이 공격적으로 변할 때 능동적이고, 한을 경험하는 사람이 수동적일 때 비활성적이 된다. 능동적 한을 가진 사람은 자신에게 가해진 불의 때문에 불안해하고 복수심을 품는다. 반대로 비활성 한은 고통을 내면으로 돌리고 자기 파괴적으로 변한다.

한국 민중의 한은 힘없는 자의 버림받은 느낌을 표현할 뿐만 아니라 한국 사회에서 민중의 자의식이 성장하는 것을 의미하기도 한다. 서남동은 한을 한국 사회에서 억압받는 민중들의 정치의식으로 정의한다.146) 한은 단순히 개인의 억압된 감정이나 심리치료로 치유할 수

---

141) 안병무,『한국민중신학의 전개』(서울: 한국신학연구소, 1990), 25.

142) Hyun Young-Hak, "A Theological Look at the Mask Dance in Korea" in *Minjung Theology: People as the Subjects of History*, ed., CTA-CCA (Maryknoll, NY: Orbis Books, 1981), 51, 54.

143) Suh Nam Dong, "Toward a Theology of *Han*," in *Minjung Theology*, ed., Commission on Theological Concerns of the Christian Conference of Asia (Maryknoll, NY: Orbis Books, 1981), 64-67

144) Park Andrew Sung, *The Wounded Heart of God: The Asian Concept of Han and the Christian Doctrine of Sin* (Nashville, TN: Abingdon Press, 1993), 70.

145) 위의 책, 31.

있는 병이 아니다. 그것은 억압받는 사람들이 사회적 운명과 그들이 경험하는 사회적 모순에 직면한 집단적 감정이다.147) 이 한의 감정은 정신-정치적 분노, 좌절, 분노의 수준을 넘어선다. 복수심을 불러일으키기도 하지만 대부분 운명에 대한 복종이나 체념으로 이어진다.

서남동에게 한은 종교적 도움에 대한 외침이 나오는 죄의 상태이다. 한은 단순히 개인적인 억압감이나 심리 치료로 치유될 수 있는 질병이 아니다. 그것은 억압받는 사람들이 사회적 운명과 그들이 경험하는 사회적 모순에 직면했을 때 느끼는 집단적인 감정이다.148) 이러한 한의 감정은 심리-정치적인 분노, 좌절, 분개와 같은 단순한 감정을 초월한다. 때로는 복수심을 불러일으키기도 하지만, 대부분은 운명에 대한 체념이나 순응으로 이어진다.

현영학에게 한은 운명론적이지 않다.149) 그 대신 초월의 경험을 가능하게 한다. 그것은 민중들 사이에서 생존할 수 있는 지혜와 힘을 창조한다. 민중은 현존하는 세계가 타락한 세계라는 사실과 자신이 그 위에, 그 반대편에, 그 너머에 서 있다는 사실을 확신함으로써 세상의 고난을 유머러스하게 견뎌낼 수 있다.150)

김용복은 한에 관해 설명하기 매우 어려운 한국어 용어라고 말한

---

146) Suh David Kwang-Sun, "A Biographical Sketch an Asian Theological Consultation," in *Minjung Theology: People as the Subjects of History,* ed., CTC-CCA (Maryknoll, NY: Orbis Books, 1981), 25.
147) 위의 책.
148) 위의 책.
149) Hyung Young-Hak, "A Theological Look at the Mask Dance in Korea" in Minjung Theology: People as the Subjects of History, 50.
150) Ibid, 52.

다. 그에게 한은 강렬하고 누적되고 억압된 불의에 대한 느낌, 깊은 분노감이다. 한은 모든 한국인의 보편적인 감정이다. 억압이나 착취, 불의나 차별을 느낄 때, 특히 아무런 이유 없이 무의식적으로 느낄 때 한을 경험하게 된다.151)

민중신학은 민중의 한 경험에서 탄생했고, 한에 대항하기 위해서는 민중의 힘을 동원해야 한다는 것이 김용복의 생각이다. 민중신학에서 는 형이상학적 전제나 존재론적 전제보다는 민중들의 투쟁의 사회적, 역사적 전기인 민중 설화가 신학적 토대가 된다.

2) 민중신학 해방 의미

민중과 한에 대한 이해를 종합하면 민중신학에서 해방의 의미를 규 명할 수 있다. 이 해방의 의미는 위에서 제시한 바와 같이 종교적 이 해와 함의를 핵심 요소로 한다. 민중신학은 성서를 억압받는 민중의 경험, 역사, 문화에 대한 기록으로 간주한다. 민중신학자들은 성서에 서 해방을 위한 틀과 패러다임을 본다. 그들은 성서를 해방을 향한 한 민족의 사랑과 희망의 역사로 이해한다. 히브리 성경의 출애굽 사건, 즉 하나님 백성의 역사적 해방의 중심 사건과 신약성경의 예수 십자 가 처형─부활 사건은 민중신학이 사용하는 성서 해석학의 핵심이 다.152) 이 두 가지 성서 사건을 통해 민중신학자들은 하나님의 자기

---

151) Kim Yong-Block, *Messiah and Minjung,* 276
152) Suh Nam Dong, "Historical References for a Theology of *Minjung*," in *Minjung*

계시와 인류의 구원이 인간 역사 밖이나 그 너머의 영적 사건이 아니라 역사적 사건 안에서 그리고 역사적 사건을 통해 일어난다는 것을 이해하게 되었다.

민중신학에서 구원은 본질적으로 모든 속박과 억압으로부터 민중이 해방되는 역사적 해방에 연결되어 있다. 민중신학은 한국 역사에서 민중의 해방을 향한 열망을 좌절시킨 세력에 맞선 민중의 투쟁에서 하나님을 발견한다.153)

민중신학은 민중을 자기 운명의 정당한 주인으로 묘사한다. 민중신학은 서양 신학과는 달리 절대적인 신을 인정하지 않는다. 민중신학은 "신은 누구인가?"라는 질문 대신 신은 역사 속에서 어떻게 행동하는가?라고 묻는다.154) 민중신학은 하나님의 행동이 민중의 고난과 희망과 관련이 있다고 본다. 민중신학은 하나님이 인간의 역사 속에서 행동하시는 분으로 인식한다. 그래서 안병무는 민중신학을 "증언의 신학 또는 사건의 신학"이라고 설명한다.155)

민중신학은 하나님을 역사 속에서 민중과 함께하는 공동 해방자로 본다. 즉 하나님은 민중과 함께 고난을 겪으신다는 것이다. 하나님은 민중의 존재로 인해 발생하는 인간의 외침과 신음소리를 들으신

Theology : People as the Subjects of History, ed., CTC-CCA (Maryknoll, NY: Orbis Books, 1981), 158.

153) Kim Yong-Bock, "Messiah and *Minjung* Discerning Messianic Politics over against Political Messianism," in *Minjung Theology,* ed., CTC-CCA (Maryknoll, NY: Orbis Books, 1981), 186.

154) Suh Changwon, *A Formulation of Minjung Theology: Toward a Socio-Historical Theology of Asia,* 168

155) 안병무, 『민중신학이야기』 (서울: 한국신학연구소, 1988), 26.

다.156) 해방을 향한 역사적 변혁에서 하나님과 민중은 공동 고난자이자 "공동 협력자"이다. 따라서 민중신학은 민중의 고난을 하나님의 목소리로 이해하고, 민중의 고난은 구조적 모순을 드러내는 메시아적 목소리로 이해한다. 하나님은 민중을 해방시키는 분이기도 하다.157)

하나님의 계시는 민중의 구원과 깊은 관련이 있다. 민중신학에서 십자가와 부활은 민중 구원의 상징이다. 예수의 죽음은 민중의 고난과 죽음을 반영하며, 이는 정의를 위한 민중 투쟁의 당연한 결과이다. 민중은 예수님이 생전에 민중을 억압하는 자들에 맞서 싸웠던 것처럼 억압자들에 항거하다가 억압자들에 의해 고통을 당하거나 죽임을 당한다. 민중은 계속해서 일어났고 완전한 해방의 날이 올 때까지 계속 일어날 것이다. 민중신학에 따르면, 예수의 부활은 혁명을 위한 억압에 맞선 지속적인 봉기이기 때문에 민중의 부활은 항상 일어나고 있다. 민중신학은 예수가 누구인가가 아니라 무엇을 했는지에 초점을 맞추고 있다.158) 민중신학은 예수가 민중의 해방을 위한 투쟁에 현존하는 존재로 이해한다.

민중신학이 강조하는 것은 정의와 해방을 위한 투쟁에서 민중의 역사적 사명의 중요성이다. 민중신학은 민중을 진정한 역사적 변혁의 주체로 파악하고, 하나님 나라의 도래에 기여 할 해방투쟁을 이끌도록 하나님의 선택을 받은 존재로 긍정한다. 민중신학에서 예수는 민

---

156) Suh Changwon, *A Formulation of Minjung Theology: Toward a Socio-Historical Theology of Asia,* 169.
157) 위의 책, 171.
158) 위의 책, 174, 177.

중이며, 민중 스스로가 예수가 되어 역사 속에서 그분의 정신을 구체적이고 역사적으로 성육신하는 것이다.159) 예수와 민중의 관계에 대한 이러한 이해는 억압받는 민중이 부활한 자, 즉 역사 속에서 죽음의 세력을 이길 수 있는 신적 능력으로 충만한 자로 그 역할을 혁명적으로 변화시킨다. 이는 하나님 나라의 진정한 주체로서 가난한 자의 종말론적 역할을 강조한다.160)

3) 민중신학 종교 문화적 요소

한국 문화의 종교적 요소를 분석할 때 불교, 도교, 유교, 샤머니즘, 기독교 등 다양한 종교 또는 철학을 인정해야 한다. 한국 인구의 많은 수가 기독교 신자인데, 이는 종교적 믿음이 세속적 복을 가져다준다는 한국인의 믿음과 관련이 있다. 즉, 믿으면 이 땅에서 풍요로운 삶을 살 수 있다는 것이다. 대부분의 한국 기독교인들은 하나님이 경제적, 정신적 축복을 주신다고 믿으며, 이는 서양 선교사들이 잘 가르친 교훈이다. 또한 서양 선교사들은 종교와 신앙은 사회 정의가 아닌 개인의 구원과 관련이 있다고 가르쳤다.

한국 기독교의 뿌리는 서양 기독교 안에서 발견할 수 있음을 부인할 수 없다. 그러나 민중신학은 서양 신학적 제국주의의 지배에 대항

---

159) 위의 책, 179.
160) 안병무, 『민중신학이야기』, 232, 241.

한다.161) 민중신학은 한국 고유의 종교와 문화에 있는 중요한 요소들을 찾아내어 토착화 작업을 하면서 서양의 신학적 제국주의에 저항한다. 민중신학은 한국의 전통종교들 즉 샤머니즘, 불교, 그리고 유교 등을 조사해서 한국 전통 종교들의 해방적인 면들을 중요하게 다룬다.162) 이러한 종교 전통들은 해방을 이기주의로부터의 자유와 연결한다. 샤머니즘, 불교 그리고 유교 등에서 해방을 위한 추구는 현 세계의 부정에 따른 두 개의 유형들이 있다. 하나는 사람들에게 사회 정치적인 책임성을 잊게 하는 방법이다. 다른 하나는 사람들로 하여금 해방을 위한 역사적인 투쟁에 참여하도록 하는 것이다. 이 방법은 직접적인 대항을 뜻하는 것이 아니다. 문화적인 형태들로 저항하는 것을 말한다. 예를 들어 탈춤, 민담 그리고 판소리 등을 이용하여 투쟁하는 것이다.163) 민중신학에 의해 사용된 민중 문화적인 형태들은 그 자체가 전제주의적인 정부를 비판하는 것이 되었다. 이런 문화적인 수단들은 사회적 분석을 하는 것에 도움이 되고 민중의 가치를 현실과 연관해서 이해할 수 있는 기회를 제공해 준다. 이런 문화적인 방법들은 바로 민중의식의 모든 표현들이다.

이러한 전통적인 문화적 공연들은 민중들로 하여금 그들의 축적된 한의 감정을 풀어내게 한다. 예를 들어 탈춤에서 공연자들과 관람자들이 함께 농담과 풍자로 타락한 부처스님들과 유교 귀족들 그리고

---

161) 위의 책, 216.
162) 위의 책, 232-233.
163) Hyun Young-Hak, "A Theological Look at the Mask Dance in Korea" in *Minjung Theology: People as the Subjects of History*, 47-54.

현시대의 억압자들을 조롱한다.164) 이런 탈춤들은 민중이 현실을 어떻게 보고 있는가를 표현한다. 탈춤에 의해 그려지는 드라마 안에서 지배계급은 흉악범으로 취급되고 있고 민중에 의해 심판을 받는다. 이는 현실을 다룸에 있어 지배 계급의 사악함과 천박함 그리고 위선을 보여주는 것이다.

탈춤 안에서 공연자나 관람자나 할 것 없이 민중은 이 세상에 대한 비판적 초월을 경험하고 현실의 부조리를 풍자로 표현하는 것이다.165) 이 초월의 경험은 민중들에게 풍자와 함께 생존할 수 있는 지혜와 힘을 제공한다. 탈춤 안에서 민중들은 그들의 거친 현실에 대해서 수동적이 아니다. 탈춤은 지배계층에 도전하며 저항하는 그리고 연대를 보여주는 한 방법이다. 탈춤의 경험은 민중들에게 그들의 해방을 위한 투쟁의 용기를 제공한다.

민중신학 안에서 해방의 의미는 가난과 한으로부터 그리고 서양 제국주의 기독교로부터 빠져나와 완전한 인간(a full humanity)166)이 되기 위한 것임을 보여준다. 완전한 인간은 자기 결정권을 갖으며 그리고 정치-사회 그리고 종교-문화 해방에 공헌할 수 있는 능력을 갖고 있다. 종교적이고 윤리적인 그리고 신학적인 언어로 볼 때 해방은 하나님 나라와 연관되어진다.

---

164) Suh David Kwang Sun, "A Biographical Sketch an Asian Theological Consultation," in *Minjung Theology: People as the Subjects of Histor*』, 25.

165) Hyun Young-Hak, 앞의 책, 50.

166) 이 완전한 인간(a full humanity)이라는 주제는 1979년에 스리랑카에서 열렸던 EATWOT(the Ecumenical Association of Third World Theologians) 회의에서 다루어진 중심어다. Virginia Fabella, ed.,*Asia's Struggle for Full Humanity: Toward a Relevant Theology*, (Maryknoll, NY: Orbis Books, 1980), 122,152, 156-157.

3. 해방과 하나님 나라

종교는 미래에 관한 한 이데올로기와 다르다.167) 종교는 절대적인
미래에 관한 것이다. 그러나 "종교의 절대적인 미래는 개인의 영적 성
취뿐만 아니라 인간 사회의 가시적인 구조를 통해서도 이생에서 기대
해야 한다고 강조한다." 하나님 나라의 개념은 절대 미래에 대한 기
대, 해방과 구원의 목표인 충만한 삶에 대한 기대를 의미한다. 하나님
나라의 좋은 소식은 정의에 초점을 맞추고 있으며 복음의 중심 메시
지이다. 하나님 나라는 단순히 다음 세상에서 바라는 것이 아니라 이
세상에서 구체화되기 시작하는 현실이다. 하나님의 나라는 가난하고
억압받는 사람들이 벌이는 해방 투쟁 속에서 비로소 모습을 드러내기
시작한다.

서남동에게 하나님 나라는 천년왕국과 같은 의미는 아니다. 하나님
나라는 천상적이고 궁극적인 상징이지만, 천년왕국은 역사적, 지상적,
반 궁극적 상징이다. 따라서 하나님 나라은 신자가 죽을 때 들어가는
장소로 이해된다. 그러나 천년왕국은 역사와 사회가 새롭게되는 시점
으로 이해한다. 서남동에게는 천년왕국은 민중의 열망을 상징한다.
하나님의 나라는 통치자들의 이데올로기의 일부이다. 하나님 나라의
모티브는 콘스탄티누스 시대 이후 비정치적 범주가 되었다. 따라서

---

167) Aloysius Pieris, *An Asian Theology of Liberation* (Maryknoll, NY: Orbis
Books, 1992), 25.

억압받는 사람들의 열망은 인간 역사를 초월한 하나님 나라의 형태
가 아니라 역사적 미래에 있을 천년왕국에 대한 갈망의 형태를 취해
왔다.168)

서남동은 구원과 하나님 나라의 관계를 설명할 때 사회적 차원보다
개인적 차원을 더 강조했다. 그는 "하나님 나라에서는 개인의 구원이
확보되지만 천년왕국에서는 인류의 사회적 현실 전체의 구원이 확보
된다"고 말했다.169) 천년은 이 세상을 강조하며 사회 정의와 더 밀접
하게 연관되어 있다. 반면 저세상, 피안의 세계를 강조하는 하나님 나
라의 상징은 개인의 구원과 관련이 있다. 서남동은 역사는 천년에 온
전히 이루어질 민중해방의 방향으로 발전한다는 확고한 신념을 가지
고 있다. 그는 해방의 역사적 과정을 귀족이 주도하는 봉건 사회, 자
본주의 부르주아지 시대, 민중 시대로 세 단계로 정리한다.170) 이 마
지막 단계에서 민중은 모든 형태의 억압으로부터 해방되고 자유의 몸
이 될 것이다. 이 마지막 해방의 단계에 도달하기 위해서는 사회 전체
가 새로워져야 한다.

천년 너머, 인류 역사 너머에는 하나님의 나라가 있다. 천년이라는
개념은 현재의 사회 질서를 부정하는 급진적인 사회 변혁에 관한 것
이며, 민중이 일으킨다. 서남동이 하나님 나라를 이 세상 너머의 세계

---

168) Suh Nam Dong, "Historical Reference for a Theology of *Minjung*," in *Minjung Theology: People as the Subjects of History*, 162.
169) 위의 책. 162-163.
170) 위의 책, 169.

로 전치시킨 것은 요한계시록 20장 4~6절과 다른 성경 구절들을 근본적으로 읽은 데 따른 것으로 보이지만, 그에게 해방과 구원은 특정한 지점과 연결되어 있다. 서남동에게 개인의 구원은 하나님 나라의 문제이다. 그러나 그는 "천년왕국에는 인류 전체 사회적 현실의 구원이 확보되어 있다"[171]고 주장할 때 천년왕국 안에 개인 구원의 의미를 어느 정도 포함하고 있는 것으로 보인다.

서남동과 달리 안병무는 하나님 나라를 역사의 궁극적인 목표로 간주한다.[172] 하나님 나라의 건설이 최고의 목표이기 때문에 모든 민중적 노력의 목적이 되어야 한다. 그는 하나님 나라의 원형은 유일신 야훼 통치 아래 있던 고대 이스라엘의 평등주의 사회, 즉 암픽티오니(amphictyony)라고 주장한다.[173] 하나님 나라의 설립은 개별적인 사건이 아니며 앞으로도 그럴 것이다. 안병무에게 천년왕국 개념은 하나님 나라가 잘못 영화화되었을 때 등장한다.[174] 그는 하나님 나라의 목적은 민중이 해방을 위해 투쟁할 수 있도록 힘을 실어주는 것이라고 주장한다. 하나님 나라에서 민중은 자기 운명의 주인공이 될 것이다. 이런 의미에서 하나님 나라는 민중이 열망하고 계속 소망하는 이 세상의 현실이다.

하나님 나라에서 믿음은 민중의 실천을 통해 성육신되고 경험된다.[175] 하나님 나라의 실현은 죄와 악의 힘에 대항하는 투쟁에서 비

---

171) 위의 책, 162-163.
172) 안병무, 『민중신학이야기』 252.
173) 위의 책, 55, 139.
174) 위의 책, 252.
175) 위의 책, 251.

롯된다. 이 투쟁은 모든 억압적 권력이 제거될 때까지 끝나지 않을 것이다. 안병무는 원죄를 "공(公)의 사(私)유화"로 간주한다.176) 그는 창세기의 "인간의 타락"에 대한 이야기를 우화적으로 해석하여 공적인 것, 즉 모든 사람의 것이었던 것을 사적으로 소유하게 된 것을 죄의 원형으로 해석한다.177) 안병무에게 하나님 나라는 "공적인 것을 공(대중)에게 돌려주는 것"이다.178) 그러기 위해서는 성경에 나오는 희년 정신을 이 땅에서 실천해야 한다고 주장한다.179)

안병무는 일용할 양식을 다른 사람들과 나누어야 한다고 주장한다. 주기도문에서 알 수 있듯이 하나님 나라의 도래는 "우리의 일용할 양식"과 관련이 있다. 즉 우리가 재산을 포함하여 일용할 양식을 다른 사람들과 나눌 때 하나님 나라가 현실이 된다는 뜻이다.180) 그는 이러한 신학적 해석을 바탕으로 사회의 경제적 불평등을 근본적으로 변화시킬 수 있는 실천적 수단을 모색한다. 안병무는 평등 사회를 만들기 위해서는 개인과 공동체, 국가가 대중을 착취할 수 있는 모든 기회를 포기해야 한다고 말한다. 안병무에게 하나님 나라는 이 세상에 속한 것이기 때문에 타인에 대한 섬김을 중심으로 한 새로운 정치를 만들어야 한다.181)

---

176) 위의 책, 203-204, 326.
177) 안병무, "하늘도 땅도 공이다" 『신학사상』 53 (여름, 1986) 이 논문에서 안 교수는 아담의 죄를 공을 소유하는 것으로 해석했다. 사회학 용어로 안 교수가 말하는 공은 대중과 관련이 있다.
178) 안병무, 『민중신학이야기』 246.
179) 위의 책.
180) 위의 책.

김용복은 메시아 정치(messianic politics)와 정치적 메시아주의(political messianism)를 구별한다.182) 정치적 메시아주의는 통치자의 이데올로기에 기반을 두는 반면, 메시아 정치는 민중의 섬김에 기반을 둔다. 김용복에게 천년왕국은 민중에 의해 세워질 메시아의 역사적 지상 왕국을 의미한다. 즉, 하나님 나라는 민중이 주도하는 해방운동이 구질서를 전복할 때 천년기에 경험된다. 김용복에게 하나님 나라는 민중이 참으로 역사적 주체가 될 수 있다는 것, 즉 스스로 해방에 기여하는 자기 주체적 민중이 될 수 있다는 것을 의미한다.183) 메시아 왕국에서 하나님 나라는 코이노니아(친교와 참여), 샬롬(평화), 정의의 통치를 의미한다.184)

김용복은 "정의는 민중과 권력의 이야기가 서로 모순되지 않도록 신실한 관계 또는 신실한 엮음이며, 코이노니아는 사람들 사이에서 일어날 창조적 상호작용의 내용이고, 샬롬은 인류의 건전한 발전과 복지를 의미한다"고 설명한다.185) 코이노니아는 권위와 권력의 효과적인 공유와 관련이 있다. 정의는 힘없고 고통받는 사람들을 보호하는 결과를 낳는다. 샬롬은 민중을 구원하고 변화시켜 민중의 주체성이

---

181) 안병무,『갈릴래아의 예수-예수의 민중운동』 (천안: 한국신학연구소, 1990), 110.
182) Kim Yong-Bock, "Messiah and Minjung: Discerning Messianic Politics over against Political Messianism," in Minjung Theology: People as the Subjects of History, Ed., CTC-CCA (Maryknoll, NY: Orbis Books, 1981), 183.
183) 김용복,『한국민중의 사회전기』 (서울: 한길사, 1987), 249-250.
184) 위의 책, 255.
185) KimYong-Bock, "Messiah and *Minjung*: Discerning Messianic Politics over against Political Messianism" in *Minjung Theology*, 187.

실현될 수 있도록 하는 데 관심이 있다.186) 김용복이 강조한 세 가지 윤리적 덕목은 모두 민중의 투쟁을 통한 민중 성장의 영역을 강조하는 방식으로 이해된다.187)

---

186) 위의 책.
187) 위의 책. 192-193.

4. 결론

　김용복에게 하나님 나라는 민중의 인간 존엄성이 중시되는 사회, 민중의 주체성이 온전히 존중되는 사회를 의미한다. 서남동에게 하나님 나라는 "참여적 (민중) 민주주의"를 통해 인간의 자유와 평등이 보장되는 사회생활을 뜻한다.188) 안병무에게 하나님 나라는 평등주의 사회로 돌아가는 것이다.189) 김용복은 민중이 하나님 나라의 진정한 주체라고 주장한다. 서남동은 개인 구원(하나님 나라)보다는 보다 인간적인 사회를 위한 사회 변혁(천년왕국)의 중요성을 제기한다. 안병무에게 하나님 나라는 개인적 사건이 아니며, 그 목적은 평등주의 사회로의 회귀이다. 세 사람 모두 민중신학이 민중의 해방을 의미하는 온전한 인간 존엄성에 대한 인식을 바탕으로 정의로운 대안 공동체를 이루기 위해 급진적인 사회변혁을 강조한다. 이들의 윤리적 비전은 한이 없는 사회를 만드는 것과 관련이 있다.

---

188) 서남동, 『민중신학의 탐구』 (서울: 한길사, 1983) 139, 148, 157-158.
189) 안병무, 『민중신학이야기』, 246.

누가복음 17장 21절은 하나님의 나라가 우리 가운데 있다고 말한다. 이 말씀은 하나님 나라가 먼 곳이나 미래의 현실이 아니라 "지금, 여기"에 있다는 뜻이다. 대학 시절 학생 시위 때 하나님 나라에 대한 소망을 담은 민중가요를 불렀던 기억이 난다. 민중신학에서 하나님 나라는 어떤 형태로든 이 땅에서 실현될 것을 기대한다. 오늘날 한국인들에게 하나님 나라는 민족의 통일 없이는 실현될 수 없다. 자유와 해방이 한국에서는 본질적으로 통일과 연결되어 있다. 한국은 세계 유일의 분단국가이다. 1953년 7월 27일 판문점에서 한국전쟁을 중단하는 휴전이 체결된 이후 70년 넘는 동안 한반도 분단은 한국 국민에게 많은 고통과 아픔을 안겨주었다. 분단된 한반도에서 공산주의와 자본주의와 같은 다른 이념들과 남북한 간의 군사적 군비경쟁은 하나님 나라의 윤리를 가로막는 가장 큰 장애물이다.

제3부

한반도 통일과 상생신학[190]

한국은 세계에서 유일하게 분단된 국가이다. 한반도의 분단은 국내 문제일 뿐만 아니라 국제적인 문제이기도 하며, 1953년 7월 27일 판문점에서 한국 전쟁 휴전 협정이 체결된 이후 70년 넘게 한국 국민에게 고통과 슬픔을 안겨주었다. 가족과의 이별, 친구와의 헤어짐, 그리고 수많은 죽음 등 한국 국민이 부담하는 불균형한 인적 비용은 남북한 정부 간의 이념적 차이뿐 아니라 양국 정부에 영향력을 행사하고 압력을 가하는 여러 세계 강대국들의 존재 때문이다. 공산주의, 제국주의, 자본주의, 그리고 남북한 간의 군사적 경쟁은 남북한의 통일을 가로막는 가장 큰 장애물이다. 더욱이 한반도 정세는 동북아시아의 평화뿐만 아니라 세계 평화에도 영향을 미친다.

'형제살해'라는 참혹한 상황을 되돌아보면서, 이 장에서는 생명 공

---

190) Park, Sam-kyung. "The Notion of Reconciliation in *Sangsang* Theology for Korean reunification" Theology of Life & Peace in Korea *Madang* Journal Editors (Seoul: dong Yeon Press, 2013) 163-184.

유라는 개념을 중심으로 하는 상생신학191)을 분석한다. 상생신학은 박종천과 홍정수에 의해 처음으로 주창되었다. 1989년 11월 30일, 서울에 있는 감리교신학대학원의 홍정수 교수는 감리교신학대학원 세계신학센터의 심포지엄에서 상생신학에 대한 발표를 했다.192) 1991년, 감리교신학대학원 박종천 교수는 상생신학이라는 책을 출판했는데, 그는 상생신학을 한국신학의 세 번째 단계로 제시했다.193) 박종천 교수에 따르면 1960년대 초부터 시작된 첫 번째 단계는 토착화 신학에 집중했다. 이 첫 단계에 참여한 신학자들은 감리교신학대학 교수진으로 윤성범, 박봉배 등이었다. 1970년대 민중신학은 한국신학의 두 번째 단계로 접어든다. 1980년대 말과 1990년대 초에는 토착화 신학의 보편성과 민중신학의 편향성을 결합한 상생신학을 중심으로 한 제3단계 한국 신학이 전개되었다.194)

그 당시 박종천을 비롯한 왕대일, 안석모 등 상생 신학의 글을 쓴 사람들은 감리교신학대학원에서 교수들이었다. 홍정수195)는 1992년 감리교신학대학원을 떠나 캘리포니아주 로스앤젤레스로 이주했다. 그리고 정경호는 2002년 뉴욕 유니온신학대학원에서 상생신학 윤리에 대해 자세하게 연구하여 박사 학위 논문을 썼다.196)

---

191) 상은 '서로'를 뜻하고 생은 '삶' 또는 '생활'을 뜻한다.

192) 홍정수 "상생신학과 한국교회의 미래",『상생신학: 한국신학의 새로운 패러다임』 세계신학센터 (서울: 초명출판사, 1992), 41.

193) 박종춘,『상생의 신학』 (서울: 한국신학연구원, 1991), 14, 468.

194) 위의 책.

195) 변선환(당시 감리교신학대학원장)과 그의 제자이자 나중에 감리교신학대학원 교수가 된 홍정수는 종교 다원주의에 대한 입장으로 인해 1992년 파문당했다. 변박사는 파문 직후인 1994년에 별세했다.

196) Jeong Gyoung-Ho, "Korean Christian Ethics for Peaceful Tongil Between

상생신학은 해원(원한 해소)과 상생(생명 나눔)이라는 개념에 주목한다. 해원과 상생이 한반도 통일에 기여할 수 있는 윤리신학적 화해 담론의 핵심이라고 생각하기 때문이다. 상생신학의 주요 개념인 해원-상생(解寃-相生, 원한 해소와 생명 나눔)은 남북 화해의 근간이 되는 한민족의 정치적, 정신적 열망에 뿌리를 두고 있다. 상생신학은 기독교의 영생 메시지를 상생의 빛이 상극(갈등)을, 즉 이념적 갈등, 남북한 분단 그리고 사회경제적 모순을 극복하는 것으로 해석한다.

상생신학의 분석은 쿠바계 미국인 기독교 윤리학자인 아다 마리아 이사시-디아스가 제시한 화해 패러다임을 기반으로 한다. 그녀의 화해 개념은 한국 기독교 통일 윤리의 핵심이 되어야 하는 해원과 상생에 대한 이해를 성찰하는 데에 도움이 된다. 이 글에서 먼저 이사시-디아스가 제안한 화해의 핵심 요소들을 살펴본다..

1. 아다 마리아 이사시-디아스의 화해 패러다임

윤리학자이자 신학자인 아다 마리아 이사시-디아스는 쿠바에서 태어나고 자랐다. 이사시-디아스는 미국에서 라틴 아메리카와 스페인어권 카리브해 출신 사람들을 일컫는 라티나 또는 히스패닉의 정체성을 갖고 있다. 이사시-디아스는 라티나의 종교적 신념과 관습에 초점을 맞춘 무헤리스타(mujerista) 신학을 발전시켰다. 그녀는 드류

South and North Korea" Ph. D. diss., (NY: Union Theological Seminary, 2002).

대학교 교수로 재직하였으며, 화해를 중심으로 정의에 대한 이해를 발전시키는 데 힘써 왔다. 이사시-디아스는 화해를 정의의 필수 요소로 제시한다. 그녀는 분열된 민족, 즉 쿠바인에 속해 있다는 자신의 경험을 바탕으로 화해의 이해를 구축한다. 어린 시절부터 정치적 난민이었던 이사시-디아스는 망명 생활을 하는 수백만 명의 쿠바인과 카스트로 정권 하에서 쿠바에 살고 있는 사람들의 화해를 위해 노력해 왔다.197)

이사시-디아스에게 화해란 무엇보다도 공동선에 대한 공동의 이해를 바탕으로 공동의 미래를 건설하는 것이다. 화해가 없다면, 즉 세상에 존재하는 분열을 치유하지 못한다면 세상에 정의는 존재할 수 없다. 그녀의 관점에서 화해는 함께 미래를 건설하는 데 헌신하는 연대 공동체를 만들기 위한 투쟁에서의 핵심적인 과정이다. 따라서 화해와 연대는 정의를 위한 노력의 핵심 요소이다.198) 이사시-디아스에게 사람들과 공동체가 분열되어 있는 한 진정한 정의는 실현될 수 없다.

이사시-디아스는 차이점(differences)을 고찰하고 그 차이점을 이해해야 할 필요성을 언급하는 것으로 이야기를 시작한다. 그녀는 "차이점을 이해하는 방식을 지배해 온 패러다임"을 바꿔야 한다고 강조한다.199) 이사시-디아스는 차이점을 긍정적으로 인식하지 않는 한

---

197) Ada María Isasi-Díaz, 저자 인터뷰, 2008년 12월 11일. Isasi-Díaz 웹페이지 http://users.drew.edu/aisasidi/bioInfo.htm "약력 정보"도 참조.

198) Ada María Isasi-Díaz, *La Lucha Continues: Mujerista Theology* (Maryknoll, NY: Orbis Books, 2004) 219.

199) 위의 책, 223.

존재하는 갈등을 치유할 가능성이 없고, 사람들 사이의 진정한 연대도 불가능하다고 지적한다.200) 그녀는 차이점과 다양성을 분리하고 대립하는 요소로 보는 대신 관계의 구성 요소로 받아들여야 한다고 주장한다.201) 이러한 중요한 변화 없이는 "우리는 화해자가 될 수 없을 것"이라고 그녀는 말한다.202)

이사시-디아스에 따르면, 화해의 작업은 현재와 미래에서 사람들이 창의적으로 반응할 수 있는 토대를 마련하는 데 참여해야 하는 책임에 초점을 맞춘다.203) 화해는 과거보다는 미래에 관한 것이다. "현재를 바꾸기 위해 노력함으로써 미래에 집중하는 과정"이다.204) 이사시-디아스에게 화해는 '미래를 구성하는 일부일 때에만' 과거를 돌아보아야 한다.205) 화해는 과거에 초점을 맞춘 복수, 배상, 응징을 넘어서야 한다.206) 이사시-디아스는 과거를 무시하지 않는다. 그녀는 고통과 괴로움을 초래한 잘못을 다루어야 한다고 주장한다. 그러나 우리는 고통받은 사람들의 목소리를 인정하고 공개적으로 경청해야 하지만, 응징을 요구하거나 "개인을 용서하지 않겠다"207)는 결정 대신 화해가 우선되어야 한다.

이사시-디아스에게 공동의 미래를 건설하는 이 작업은 대화의 과

---

200) 위의 책.
201) 위의 책.
202) 위의 책.
203) 위의 책, 224.
204) 위의 책, 224-225.
205) 위의 책, 233.
206) 위의 책.
207) 위의 책, 234.

정 없이는 이루어질 수 없다.208) 대화에서는 관련된 사람들의 현실, 경험, 그리고 세계관을 이해하고, 존중하고, 배우는 것이 필수적이다.209) 첫째, 그녀는 대화하는 사람들은 먼저 각자의 경험을 통해 우리 모두가 "공동의 미래에 기여할 무언가가 있다"는 것을 받아들여야 한다고 말한다. 둘째, 우리는 타인의 관점에서 현실을 바라보는 법을 배워야 한다. 우리는 스스로를 분산시키고 타인의 관점을 이해하는 것뿐만 아니라 그들의 이해에서 긍정적인 측면을 파악하고, 그들의 이해가 어떻게 우리를 풍요롭게 할 수 있는지를 깨닫는 법을 배워야 한다.210) 이사시-디아스에게 서로를 알아가고 전 세계 사람들 사이에 존재하는 수많은 상호 연결성에 대해 배우는 것은 화해 과정에서 실행 가능하고 중요한 첫걸음이다.211) 그녀는 대화가 화해의 실천이며, 공동의 미래를 위해 함께 모여 서로를 알아가고 이해함으로써 지속되고 풍요로워져야 한다고 말한다.212)

이사시-디아스에 따르면, 화해는 종교적, 사회적, 그리고 시민적 덕목이다.213) 종교적 덕목으로서, 그리스도인에게 화해는 예수께서 제자들에게 요구하시는 행동과 같다.214) 즉 화해는 인간이 신적 본성 그 자체에 참여할 수 있게 해주는 특별한 형태의 사랑이다.215) 그녀

---

208) 위의 책, 230.
209) 위의 책, 231
210) 위의 책.
211) 위의 책, 232.
212) 위의 책.
213) 위의 책, 227.
214) 위의 책, 228.
215) 위의 책.

는 화해가 교회의 핵심 사명이며, 선교는 교회의 필수적인 요소라고 지적한다. 이사시-디아스에게 있어 사회적 미덕으로서의 화해는 인간을 갈라놓는 것, 서로를 적대시하는 것을 극복해야 할 의무를 부여한다. 화해는 인간의 본질적인 특성인 사회성을 실천하기 위해 필요하다.[216]

이사시-디아스는 특히 미국에 대해 거론하면서 화해를 시민적 미덕으로 여기며, 이는 "이 나라가 차이를 존중하는 도덕적 책임을 되살리거나 새롭게 만들어 내는 계기가 될 것"이라고 말한다.[217] 미국에서 시민적 미덕으로서의 화해는 냉정한 겸손에서 시작되어야 하며, 전 세계 국가 및 국민들과 공동의 이익을 구축해야 한다.[218] 세계의 미래를 위해 미국과 다른 나라들 사이의 갈등을 치유해야 한다. 그것이 바로 시민적 미덕으로서의 화해가 달성하고자 하는 것이다.[219]

이사시-디아스는 화해를 종교적, 사회적, 그리고 시민적 미덕으로 효과적으로 실천하기 위해서는 화해의 영성, 문화, 그리고 정신을 발전시켜야 한다고 주장한다. 화해의 영성을 받아들이는 것은 그리스도인이 서로에게 화해하는 태도와 화해의 실천을 갖지 않고서는 하나님과의 관계를 맺을 수 없는 것을 이해하는 것이다. 하나님과의 관계는 우리가 서로에게 관계를 맺는 방식과 본질적으로 연결되어 있기때문에, 화해하시는 하나님은 서로에게 화해하는 태도를 가지고 있다고

---

216) 위의 책, 229.
217) 위의 책.
218) 위의 책.
219) 위의 책.

믿는 사람들에게 요구하실 수밖에 없다.[220] 이사시-디아스는 또한 가능한 모든 방법으로 적대감, 반대, 소외에 맞서는 것뿐만 아니라, 배제와 대립에 기반하지 않은 개방성, 대화, 그리고 차이에 대한 역동적인 이해를 실제로 키우고 증진하는 화해의 문화를 제안한다.[221]

이사시 디아스에게 화해의 미덕을 실천하는 가장 중요하고 효과적인 방법은, 가장 불리한 상황에서도, 화해의 신비를 키우는 것이다. 화해의 신비는 우리가 가장 중요하게 생각하는 것이 하나로 뭉치는 방법, 우리를 묶는 공동의 이익을 인식하는 방법, 모든 사람의 복지를 고려하는 포용적인 사회를 만드는 방법인 세상을 만드는 데 도움이 될 것이다.[222]

이사시-디아즈는 화해를 정의의 필수 요소로 이해하면서 미래에 대한 공동의 비전을 함께 구축하는 데 초점을 맞춘다. 이러한 이유로 그녀의 화해 패러다임은 한국 기독교 통일 윤리의 중심이 되어야 할 해원-상생 개념을 고찰하는 틀을 제공하는 데 도움을 준다.

2. 해원-상생 사상[223]

해원상생 사상은 강일순(1871~1909)이라는 필명을 사용한 강증

---

220) 위의 책, 235.
221) 위의 책.
222) 위의 책..
223) 박삼경, 『하나님 나라의 이해』, 70- 89 내용일부 재인용.

산에 의해 발전된 종교 사상이다. 해원상생 사상은 서구 제국주의와 일본 제국주의 시대에 한국인의 해방을 향한 정치적, 정신적 열망에서 비롯되었다. 강증산은 조선 왕조 말기인 19세기 말, 민중의 여러 반란으로 인한 사회적 혼란기에 살았다. 새로운 세상을 만들겠다는 의지로 민중이 주도한 1894년 동학혁명은[224] 강증산의 사상에 영향을 미쳤다. 동학혁명이 사회-정치적 혁명을 통해 새로운 세상을 만들지 못한 데서 오는 영적 깨달음이 그에게 있었다. 이에 대한 대안으로 강증산은 해원상생의 무속적 전통을 한국 불교, 유교, 도교 등 다른 종교 전통에 접목하여 만든 해원상생에 기초한 운동을 제안했다. 해원상생은 모든 원한과 적대적인 관계를 내려놓고 서로 용서하고 사랑하여 조화롭고 평화롭게 살며 새로운 세상을 만들자고 촉구한다.

해원상생 사상에서 갈등은 모든 고통의 근원으로 간주되며, 갈등의 제거는 진정한 평화와 희망이 번성하기 위한 필수 조건이다. 강증산은 우주론적 관점에서 갈등을 정의했다.[225] 강증산은 초기 천지 시대에는 갈등으로 인해 세상에 온갖 비참한 재난과 전쟁이 일어났다. 상극(갈등)의 원리가 모든 것을 지배했기 때문에 사람들은 갈등의 환경 속에서 살았다고 말한다. 강증산의 우주론에 따르면 우주는 크게 두 단계로 나뉜다: 초기 천국과 후기 천국. 초기 천국 단계에서는 양이 음을 지배하기 때문에 자연의 불균형이 존재하며, 이 두 기운이 잘 순환하지 않기 때문에 상극(갈등)이 모든 생명을 지배한다.[226] 하나됨

---

224) 동학이라는 용어는 '동'(동쪽)과 '학'(학문)으로 이루어져 있다. 동학혁명은 19세기 한국에서 정부와 귀족의 부정부패에 항의하며 일어난 운동이다.
225) 유철, "증상도의 해원사상" 『증산도 사상』 5집. (서울: 증산도 연구소, 2001), 45-46.

과 조화로 돌아가는 시기인 후천 단계에서는 음양의 관계가 완벽한 균형을 이루기 때문에 평화가 찾아온다. 상생(생명 나눔)은 후천에서 실현될 것이다. 강증산의 가르침에 따르면, 동학혁명이 일어났던 시기는 상극 시대인 초천이 끝날 무렵으로, 상생이 마침내 상극[227]을 극복하는 후천의 시작을 알리는 개벽 시대가 오고 있었다. 사람들은 새로운 해원상생의 세계로 자신을 열어가도록 부름을 받았다.

1) 해원(원한·해소)

해원은 강증산 수행의 주요 초점이다. 그에 따르면 상극을 극복하기 위해서는 해원이 필요하다. 해원은 한자어에 뿌리를 둔 우리말로 "해결하다"라는 뜻의 해(解)와 "괴로움, 슬픔, 원한"이라는 뜻의 원(冤)으로 구성되어 있다. 따라서 해원은 괴로움과 슬픔을 해결하고 소통을 막는 원한을 해소하는 것을 의미한다. 한(恨)과 원(冤)의 한국어 개념에는 차이가 있지만, 한—중 사전에서는 두 개념이 동의어이다.[228] 증산도 교리에 따르면 원은 한의 전제 조건이다.[229] 한은 원이 쌓인 것이다. 원은 분노, 좌절, 억압과 불의에 대한 해결되지 않은 분노, 무력감, 완전한 버림받은 느낌 등의 감정을 말한다. 시간이 지

---

226) 『증산도 도전』(경세판), 76.
227) 박종천, 『상생의 신학』, 467.
228) 도전편찬위원회 편, 『알기 쉬운 증산도 도전(서울: 신원 문화사, 1995), 206.
229) 세종 출판사 편, 『누구나 알기 쉬운 증산도의 기본교리』, (서울: 대원사, 2000), 102.

남에 따라 원은 축적되어 깊은 감정, 한이된다.

2) 상생(생명 나눔)

상생은 "서로"라는 뜻의 상(相)과 "생명"이라는 뜻의 생(生)이 합쳐진 단어이다. 상생은 서로 돕고 함께 사는 것, 즉 생명 나눔으로 정의된다. 일상생활에서 상생은 다른 사람의 행복을 위해 일하는 것을 말하며, 그 목표는 생명을 살리는 것이다. 상생은 다른 사람을 희생해서 번영하는 것이 아니라 다른 사람을 도와야만 개인이 번영할 수 있다는 사실을 의미한다. 상생을 실현하려면 다른 사람에게 자신을 개방하고 진정한 친구가 되어야 한다. 상생은 서로의 힘듦과 아픔, 그리고 희망을 함께 나누는 우정을 의미한다. 상생은 교감이 가능한 환경을 조성하는 상호 관계를 전제로 한다.

강증산은 상생을 두 손이 서로를 깍지 낀 동작과 같다고 말한다: 우리의 일은 다른 사람이 잘되도록 돕는 일입니다. 남이 잘 된 후에 우리는 남은 것을 가져가기만 하면 우리의 임무는 완성되는 것이다.[230] 그에게 상생의 기본 원칙은 이웃의 안녕과 성공이다. 다른 사람과 우정을 나누고 다른 사람, 자연, 신과 조화롭고 평화롭게 사랑하며 사는 것, 그것이 바로 상생이다.[231] 상생은 어느 한쪽의 일방적인 노력만

---

230) 위의 책.
231) 박종천, 상생의 신학, 469.

으로는 이루어질 수 없으며, 사람과 사람이 분리될 수 없고 본질적으
로 하나가 되는 상호 관계에 초점을 맞추고 있다. 이러한 상호 관계가
조화를 이룬다. 상생은 어느 한쪽이 다른 한쪽 없이는 존재할 수 없다
는 생각에 중점을 둔다. 상생에서 조화는 변화를 인식하고 수용하는
데서 비롯된다. 변화에 대한 저항은 불균형, 부조화, 억압을 낳는다.
상생을 이루기 위해서는 필연적으로 분열을 유지하고 사람들이 조화
롭게 살지 못하게 하는 구조와 사람들과의 투쟁이 수반되어야 한다.
상생은 우정의 상호 작용을 통해서만 가능하다.

강증산의 해원상생 개념은 남북한 통일을 위한 현재의 노력과 사회
정치적·이념적 갈등 해결에 중요한 함의를 지닌다. 강증산의 관점에
따르면, 해원이 실현될 때 비로소 한국 통일이 가능하다고 할 수 있다.

3. 상생신학의 주요 요소

1980년대와 1990년대에 박종천과 홍정수는 특히 예수 그리스도와
성령의 관점에서 강증산의 사역을 해석하는 데 중점을 두고 상생신학
을 정교화했다. 이들은 한국적 신학을 구축하기 위한 새로운 모티브
로서 상생을 제안했고, 이를 해방신학이라고 설명했다. 분단 사회에
존재하는 갈등의 문화와 달리 사랑과 화해의 문화를 만드는 데 집중했
다. 이것이 바로 한국의 모든 모순을 조화시키는 상생신학의 목표이다.

상생신학의 원리는 중심과 주변, 여성과 남성, 약자와 강자, 억압자

와 피억압자를 포용하는 역동적인 상보성의 균형에 의해 지배된다. 상생신학은 개인적 차원과 사회적 차원에서 화해와 치유의 발전을 제안한다. 다른 사람을 포용하고, 받아들이고, 돕고, 봉사하고, 함께 살아가는 데 중점을 둔다.

박종천 교수에 따르면 상생신학은 신학적으로 다섯 가지 특징이 있다. 첫째, 상생신학은 "한편으로는 신앙 공동체의 텍스트와 전통을, 다른 한편으로는 인류 공통의 경험과 언어"를 자료로 삼는다.232) 두 번째 특징은 상생신학의 학문적 과제, 즉 "이 두 가지 자원을 연구한 결과의 상호 비판적 상관관계"와 관련이 있다. 상생신학은 텍스트와 맥락 간의 대화를 위해 해방신학, 여성신학, 민중신학에서 사용되는 해석학적 방법들을 창의적으로 활용한다. 셋째, 상생신학은 한민족과 한국 민중의 공통된 경험과 공통된 언어, 즉 한(恨) 또는 원(寃)에 내재되어 있는 궁극적인 물음을 현상학적으로 탐구한다.233) 예를 들어 박 교수는 한과 신명은234) 한반도 분단 훨씬 이전부터 한국인들에게 흔한 경험이었다고 주장한다. 상생신학은 통치자의 경험 대신 민중의 경험을 활용한다. 상생신학의 네 번째 특징은 "서구 신학의 왜곡된 텍스트와 전통에 대한 사상적 비판을 통해 해방의 실천을 위한 기독교 텍스트와 기독교 전통의 진정한 권위를 되찾는 것"을 말한다.235) 상생신학은 공동체를 위해 성경 본문을 해석하기 위해 민중신

---

232) 위의 책, 468.
233) 위의 책.,
234) 신명은 사람이 신령에 빙의되었을 때 자아를 잊는 현상을 말한다. 한국에서 신명은 빙의된 사람이 자신과 공동체를 위해 발휘하는 힘과 활력, 생명력을 의미한다.
235) 위의 책.

학의 서구 기독교 비판에 참여한다. 마지막으로, 상생신학은 "그 현상학적 순간(세 번째 특징)과 이데올로기적 비판적 순간(네 번째 특징)을 상생에 대한 독특한 해석학, 즉 원한 해소를 통한 삶과 비판적으로 연관시킨다."236)

박종천에게 성령은 인간으로 하여금 죽음과 폭력의 문화를 극복하도록 이끌고 평화와 상생으로 우리의 관심을 돌리게 하는 분이다. 성령만이 사람들에게 조화와 평등, 사랑과 정의가 특징인 새로운 사회를 위해 투쟁할 수 있는 힘을 줄 수 있다. 박종천는 '하나님과 함께 기어가고, 영혼과 함께 춤추라'는 글에서 이렇게 말한다: 우리는 우리 사회가 정의가 강물처럼 흐르는 사회가 되기를 원한다. 우리는 여성과 남성이 동등하게 대우받는 비옥한 토양이 되기를 원한다. 통일의 열매를 함께 나누고 싶다. 농부들은 수확을 고대하며 기쁨으로 추수 축제를 축하할 준비가 되어 있다. 성령만이 우리에게 그런 사회를 실현할 수 있는 힘을 주실 수 있다.237) 성령은 사람들에게 상극(갈등)을 이겨낼 수 있는 힘을 주시고, 이 세상에서 상생을 이루는 하나님의 동역자가 되게 하신다. 박종천은 성령을 자녀인 우리를 위로하는 어머니로 이해한다.238) 육체는 성령의 성전(고전 6:20)이기 때문에 육체의 생명은 어머니에 의해 긍정되고 돌봄을 받는다.239) 그는 우리 몸의 부활을 기대하면서 우리의 통곡을 춤으로 바꾸시는 어머니, 성

---

236) 위의 책.
237) Park, *Crawl with God, Dance in the Spirit*, 134-35.
238) 위의 책, 133.
239) 위의 책.

령의 감동과 감화를 받는다고 주장한다.240)

박종천은 종교적 분열을 극복하기 위해서는 통(通)(교회)이 존재해야 한다고 말한다. 통은 성스러운 것과 속된 것, 또는 상반된 믿음을 가진 사람들 사이의 상호 의존과 상호 침투를 모두 포함한다.241) 통은 모두가 그리스도 안에서 한 몸이요 한 성령이 되어 하나가 되어야 한다는 에베소서 4장 4절을 반영하는 한몸 공동체를 의미한다.242) 통은 교회의 제도적 요소를 부정하지 않으면서도 정화되고 하나된 한국교회의 비전을 제시한다.243) 통은 십자가가 가져온 화해에 기초하고244) 통은 사람을 다스리는 것보다 섬기는 것을 선호하며, 통에게 사랑은 정적인 것이 아니라 역동적이어서 교회들 간의 연대를 가져온다. 상생신학이 제안하는 통은 더불어 사는 삶과 사회적 연대에 초점을 맞추고 있다. 박종천은 하늘과 땅, 인간과 인간 사이의 조화의 상생이 꽃피는 한국 민족의 원형으로 통을 제안한다.245)

홍정수는 상생신학을 고백과 용서에 관한 예수의 가르침과 연결시킨다.246) 홍정수는 예수의 운동을 사두개파, 바리새파, 열심당, 에세네파 등 당대의 다른 네 가지 운동과 구별하기 위해 제5의 운동이라고 부른다.247) 예수의 다섯 번째 운동은 다른 운동이 제안한 길을 거

---

240) 위의 책.
242) 벽종천, 『상생의 신학』 236, 470.
242) 위의 책, 237.
243) 위의 책, 237, 471.
244) 위의 책, 238.
245) 위의 책., 472.
246) 홍정수, "상생신학과 한국교회의 미래" [세계의 신학], 6 (April 1990), 11.
247) 위의 책, 22.

부했다. 예수님만의 길은 "회개하라 천국이 가까웠느니라"(마태복음 4:17)는 말씀으로 가장 잘 표현된다. 이 계명은 모든 원한과 적대감을 없애고 용서하며 함께 살 것을 촉구하는 상생 신학의 핵심이다.248)

홍정수에게 예수님의 죽음과 부활은 무엇보다도 용서를 의미했다.249) 용서는 하나님의 뜻이자 상생의 길이다.250) 예수님께서 십자가에 못 박히시고 부활하신 것은 바로 제자들에게 용서의 능력을 전수하기 위해서였다(마태복음 16:19, 요한복음 20:23).251) 예수의 기쁜 소식은 모두가 조화롭고 평등하게 공존할 수 있는 새로운 사회를 위해 용서하고 자신을 희생하는 상생의 정신과 동일시된다.252) 홍정수는 예수가 후천개벽, 후천천국, 새 시대의 개막을 선포한 것으로 보고 있다. 홍정수는 상생의 정신은 용서와 화해의 과제를 수행하기 위해 예수 그리스도를 통해 우리에게 주신 하나님의 축복이라고 주장한다.253)

상생신학에서 하나님은 상생의 하나님이다. 박종천과 홍정수 교수의 이해를 바탕으로 왕대일 교수는 창세기 16장을 분석하여 상생의 하나님을 설명한다.254) 그는 하갈에게 "네 주인에게로 돌아가라"(창 16:9)는 하나님의 명령에 초점을 맞춘다. 왕대일은 하갈에게 큰 잘못

---

248) 위의 책, 26.
249) 위의 책, 27.
250) 위의 책, 27.
251) 위의 책.
252) 위의 책, 26.
253) 위의 책, 29.
254) 왕대일, "상생 실천과 구약 성경의 새 지평선"『상생신학: 한국신학의 새패러다임』편, 세계신학 센터(서울1: 조명출판사, 1992), 88.

을 저지른 사라와 함께 살라는 하나님의 명령은 상처와 불의에도 불구하고 사람들이 함께 살기를 원하신다는 것을 의미한다고 결론짓는다. 하나님은 모든 인류가 세상에서 함께 살기를 원하신다.[255] 왕대일에 따르면 상생의 하나님은 사람들이 함께 살 수 있도록 치유하신다.[256] 창세기 16장에서 하나님은 하갈과 사라를 모두 치유하셨다. 하갈은 상생의 실천을 통해 사라와의 관계를 회복할 수 있었다. 사라에게 상생은 하갈과 평등한 관계를 이루는 것이다.[257] 상생신학의 하나님은 두 여성이 각자의 정체성을 유지하면서 동시에 공존과 호혜의 관계를 맺기를 원하신다. 바로 그러한 관계 속에서 두 사람 사이의 치유가 일어날 수 있다.

왕대일은 이스라엘이 기다렸던 하나님 나라는 공존, 상호성, 평등의 공동체였다고 주장한다.[258] 이 공동체는 하나님의 통치 아래 함께 살아야 했다. 왕대일에 따르면, 상생의 하나님은 "애굽은 내 백성이요 앗수르는 내 수공예품이요 이스라엘은 내 기업이로다"(이사야 19:25) 라고 말씀하신다. 사실 당시 이스라엘은 애굽과 앗수르 모두에 적대적이었다. 하지만 하나님은 하나님의 백성을 부르셔서 그들과 함께 살게 하신다. 상생신학에서 하나님은 배타, 갈등, 증오의 하나님이 아니라 포용, 사랑, 화해의 하나님이다.[259]

---

255) 위의 책.
256) 위의 책. 89.
257) 위의 책. 90.
258) 위의 책. 88.
259) 위의 책. 88.

4. 상생 윤리: 화해와 치유

올바른 관계는 상생의 개념에 필수적이다.260) 인간은 선천적으로 관계적 존재이다. 우리는 관계 속에서, 공동체 속에서 태어난다. 우리는 모든 사람을 위해 사랑, 평화, 정의를 증진하는 방식으로 서로에게 행동할 수 있다.261) 그러나 우리가 사는 세상에서는 상호성을 원칙으로 하는 도덕과 상반된다. 인간은 인간과 인간, 인간과 자연, 인간과 신 사이에 비참한 재앙을 초래하는 방식으로 행동하려는 의도를 가지고 있는 것 같다. 상생의 윤리는 올바른 관계를 이루어 원한이 해소되는 것을 목표로 한다.262)

이러한 윤리적 이해는 사람들이 서로에 대한 적대적인 감정을 극복함으로써 화해와 치유를 추구하도록 이끈다. 복수는 일시적으로 원한을 확산시킬 뿐이기 때문에 갈등, 즉 원한은 적에게 복수하는 것으로 극복할 수 없다. 대신 해원 수행이라는 긴 여정을 통해 원에 대해 신묘하고 덕스럽게 대처해야 갈등과 적대적 감정에서 벗어날 수 있다.263) 해원 수행을 통해 사람들은 수십 년 동안의 단절과 지배, 분열을 넘어 연대와 통합의 성취를 누리며 상생의 실체를 온전히 깨달을 수 있다.

---

260) 안석모, "실천신학의 방버으로서 상생신학의 모델" 『상생신학: 한국신학의 새패러다임』, 165.

261) 위의 책.

262) 홍정수, "숨은 예수: 상생신학" [상생신학: 한국신학의 새패러다임], 30.

263) Park Jong Chun, "Interliving Theology as a Wesleyan *Minjung* Theology" in *Methodist and Radical: Rejuvenating a Tradition*, eds. Joerg Rieger and John J. Vincent, (Nashville, Tennessee: Abingdon Press, 2003), 167.

1) 홍정수

홍정수에 따르면 해원상생은 실천적 개념이자 덕목이며 선물이기도 하다.264) 해원상생은 새로운 시대(개벽)를 시작(후천)하기 위해 신이 주신 선물이다.265) 해원상생은 이 새 시대의 개막을 가능하게 하는 윤리적 실천이다. 그러므로 해원상생은 인간의 적극적인 노력과 하나님의 뜻이 결합된 신과 인간의 협력 과정이다. 해원상생에 대한 이해는 인간의 행동과 우주론을 모두 다루고 있다.266) 해원은 새로운 세상을 건설하기 위해 우주의 모든 존재를 본래의 모습으로 되돌리는 것과 관련이 있다. 해원—상생의 목표는 새로운 세상에서 새로운 삶의 방식을 장려하는 것이다.267)

해원과 상생의 관계는 음양 사상과 병행하여 살펴볼 수 있다. 동양 사상에서는 세상의 모든 것을 음과 양으로 나눌 수 있다. 음양은 우주의 기본 원리를 구성한다. 음양은 상호 보완적인 원리이며, 어느 한쪽이 다른 쪽을 지배하는 것이 아니라 균형을 이루는 원리이다. 어느 쪽도 다른 쪽보다 우월하지 않다. 음과 양은 공존하는 극과 극의 두 가지이다. 본질적으로 서로 반대이지만 음과 양은 하나가 다른 하나 없이는 존재할 수 없기 때문에 서로 결합되어 있다. 음은 양과 관련이

---

264) 홍정수, "숨은 예수: 상생신학," 30. 박종천, "웨슬리 민중신학으로서 상생신학," 180. 박 교수의 생각에 따르면, 상생신학의 주된 특징은 "모든 이를 위한, 그리고 모든 이 안에 있는 값없는 은혜"이다.
265) 홍정수, "숨은 예수: 상생신학," 30.
266) 위의 책, 28.
267) 위의 책, 30.

있고 양은 음과 관련이 있다. 음의 존재는 양의 존재를 전제로 하며, 그 반대의 경우도 마찬가지이다. 음과 양은 서로 배타적이면서도 동시에 서로를 보완하는 관계이다. 음양은 파괴적인 관계가 아니라 창조적인 관계이며, 서로의 차이를 존중하는 것이 음양을 의미 있고 역동적으로 만드는 이유이다.268)

음양은 바다의 물과 파도 사이의 관계와 비슷하다. 전자는 바람에 의해 휘저어질 때만 후자가 되기 때문에 바다의 물과 파도는 정확히 같지 않다. 그러나 바닷물과 파도가 다르지 않다는 것도 사실이다. 둘 다 바닷물이라는 공통된 본질을 가지고 있으며, 바다의 파도는 바다의 물과 분리될 수 없지만 동일하지는 않다.

조화는 음과 양의 관계적 범주를 이해하는 열쇠이다. 하나는 그 자체로 다른 하나를 포함한다. 음과 양은 하나가 되는 방식으로 상호 연관되어 있지만 서로 반대 극에 있다.269) 음과 양은 상반된 특성과 상반된 역할을 가지고 있지만 분리할 수 없다. 음양은 관계적인 실체이다. 음양을 바탕으로 변화의 흐름을 인정하고 받아들일 때 조화가 존재한다. 조화의 극과 극인 음양은 변화하는 역동적인 현실이다. 변화에 대한 우리의 저항은 부조화를 만드는 불균형이다. 음은 항상 양이 되고 양은 항상 음이 된다. 하나가 다른 하나를 포용하면 상호 작용의 역동성이 생겨 갈등이 아닌 조화가 이루어진다. 따라서 조화는 차이

---

268) Lee Jung Young, *Theology of Change: A Christian Concept of God in Eastern Perspective*(Maryknoll, NY: Orbis Books, 1979), 4-5.
269) 아시아인들에게 음양은 창세기 2장 24절, 즉 남편과 아내가 둘이면서도 하나가 되는 이야기를 이해하는 데 도움이 된다.

가 없거나 어느 한 쪽이 다른 쪽을 지배하는 결과가 아니다.

조화는 서로 다른 요소의 참여를 통해서만 가능하다. 음이 양 없이 존재할 수 없고 양이 음 없이 존재할 수 없듯이, 해원과 상생은 서로의 관계 속에서 존재한다. 해원은 상생 이전에 존재하고 상생은 해원의 작용의 결과이다. 해원의 과정을 거치지 않고는 상생에 도달할 수 없다. 해원은 긴장의 과정을 의미하고, 상생은 긴장의 결과를 의미한다. 해원이 존재하기 때문에 상생에 도달할 수 있다. 해원은 사회 구조에 존재하는 긴장을 인식할 수 있는 기회를 제공한다. 이러한 인식이 상생을 향한 길을 열어준다.

해원과 상생의 관계는 상생 우주론에 근거한 것이기도 하다.[270] 천지인 우주론에서는 "하늘의 높음과 땅의 낮음(하늘이 얼마나 높은가와 땅이 얼마나 낮은가는 같음)에는 차이가 없다. 그러나 관점에는 차이가 있다. 이것은 하늘이 땅을 내려다보는 것이 아니라 땅과 하늘이 같은 수준에서 서로를 바라보고 본다는 것을 의미한다."[271]

상생 신학은 강증산의 해석에 근거한 이러한 이해를 변화시킨다: 전 세계에서는 땅의 미덕의 위대함을 알지 못했기 때문에 하늘만 존중되었다. 앞으로는 하늘과 땅이 모두 동등하게 존중받게 될 것이다.[272] 음과 양, 하늘과 땅, 해원과 상생의 관계는 서로의 동등한 입장에서 대화를 나누는 과정과 유사하다. 해원상생은 사람들이 미래로 함께 나아가기 위해 서로에게 마음을 열고, 서로를 알아가고, 함께 모

---

270) 홍정수, "숨은 예수: 상생신학", 30.
271) 위의 책, 166-67.
272) 위의 책, 164. 증산도 위원회, 편, 『증산도 도전』 (경세판), 486.

여 서로에게서 배울 것을 요구한다. 이사시-디아스가 제시한 대화의 과정은 음양과 해원상생에 대한 이해를 포함하며, 따라서 사람들이 하나님과의 관계, 자기 자신과의 관계, 그리고 이웃과의 관계에서 단절된 부분을 극복하도록 돕는 효과적인 방법이 될 수 있다.

2) 박종천

기독교적 관점에서 박종천은 상생과 해원을 성령의 임재와 연관시킨다. 갈등(원한)의 배후에 무엇이 있는지 살펴본 박종천은 '내 안에 계신 하나님'이라는 독특한 체험이 원한의 악순환을 극복할 수 있다고 주장한다. 신의 지극한 기(氣, 온 우주에 스며드는 생명력 또는 근원적 힘)가 마음속에 깃들고 '내 안에 신이 있다'는 내적 증거에 깨어날 때 비로소 한에서 벗어날 수 있다는 것이다. 그의 견해에 따르면, "신의 최고 기(영)가 마음속에 내려오지 않는 한, 신내재성에 대한 각성은 있을 수 없다."[273] 박종천에게 해원상생은 성령과 자아의 관계에서 비롯된 결과이다. 이 관계가 해원상생을 가능하게 하고, 사람과 사람 사이, 우주와 우주 사이의 평화와 화해를 가져온다. 그러므로 해원상생은 바로 화해, 새로운 세상을 창조할 수 있는 이해와 행동 방식에 관한 것이다.

박종천의 또 다른 신학적 윤리적 이해는 한에 대한 이해이다. 그에

---

273) Park, "Interliving Theology As a Wesleyan Minjung Theology" 176, 171.

게 한은 잘려나갔다가 생명나무인 십자가와 결합되어 상생의 열매를 맺는 나무와 같다.274) 해원상생은 화해의 십자가에서 볼 수 있다. 화해의 십자가가 수직적 차원(인간과 하나님 사이)과 수평적 차원(인간과 인간 사이)을 모두 가지고 있듯이, 해원상생도 개인적 차원(수직적)과 사회적 차원(수평적)의 두 가지 차원을 가지고 있다.275) 개인적 차원은 하나님과의 신비로운 연합(시천주: 신-내-신)에 대한 자각과 인간과 하나님 사이의 화해에 관한 것이다.276) 사회적 차원에서 해원상생은 인간과 온 세상이 하나님과 화해하는 후천개벽을 가져오는 것을 시작한다. 후천개벽은 인류의 노력에 의해 결정되는 우주 질서의 급진적 변화를 가리킨다. 따라서 해원상생은 개인은 물론 사회에 영향을 미치고 모두가 의미 있는 공동체에서 함께 살아갈 수 있도록 하는 윤리적 실천, 즉 윤리적 덕목인 습관적 실천이다.

박종천은 여성과 남성이 모든 면에서 평등해야 한다는 민중 시인이자 생명 옹호론자인 김지하 시인의 말을 인용했다. 김지하 시인은 부자와 가난한 사람이 평등해야 하고, 높은 사람과 낮은 사람이 같은 수준에 있어야 한다고 주장한다. 김지하는 강자와 약자 사이의 모든 사회적 차별을 없애야 한다고 말한다.277) 그는 상생이 타인을 배려해야 할 필요성을 일깨우는 사고방식의 패러다임으로 기능할 수 있다고 주장한다. 이는 개인적 차원뿐만 아니라 사회적, 시민적 차원에서도 대

---

274) 박종천, 『상생의 신학』, 30, 102.
275) Park, "Interliving Theology As a Wesleyan Minjung Theology" 176.
276) 위의 책, 175.
277) 박종천, 『상생의 신학』, 439.

립과 분쟁, 전쟁의 인류 문명을 화해와 화합, 평화와 통합의 문명으로 변화시킬 수 있을 것이다. 따라서 해원상생은 모든 사람을 이롭게 하는 홍익인간(弘益人間)과 세상을 이롭게 하는 재세이화(在世利化)를 사회 전체의 덕목으로 제시하는 것이라 할 수 있다.278)

박종천은 동학사상(東學思想)의279) 핵심 개념인 인내천(人乃天, 인간이 곧 하늘이다)을280) 사용한다. 동학 사상에서 하나님은 여성, 노예, 추방자, 장애인, 가난한 사람 등 모든 사람 안에 계신다. 인내천의 핵심은 억눌린 자, 가난한 자, 힘없는 자를 이롭게 하는 것이다. "상대방은 하늘 또는 신의 대리자(시천주)로 여겨야 한다. 따라서 신에게 베푸는 복종은 모든 사람에게 베풀어야 하며('사람을 신처럼 대하라'는 뜻의 사내천), 이는 구체적으로 여성, 어린이, 노예 등 하층민에 대한 복종의 실천을 의미했다"고 설명했다. 강증산은 이 개념을 "하나님을 대하듯 모든 사람을 대하라"로 발전시켰다.281) 이 근본적인 윤리 규범은 모든 사람이 하나님의 형상(imago Dei)이라는 기독

---

278) 박 교수는 한국 민족의 기원과 한국 국가 건국에 관한 신화인 단군 신화를 바탕으로 이러한 이해를 제시한다. 신화에 따르면 환웅은 세상을 다스리고 있었는데, 여자가 필요했지만 세상에는 그 혼자뿐이었다. 그래서 그는 호랑이와 곰, 두 동물을 불러들였다. 여자로 태어나기 위해서는 100일 동안 마늘과 쑥만 먹어야 했다. 곰은 100일 동안 온갖 고난을 견뎌낸 후 여자가 되었다. 그 여자와 환웅 사이에서 아이가 태어났는데, 그의 이름이 단군이었으며, 그가 한국을 건국했다.

279) 19세기 한국에서는 정부와 귀족 계층의 부정부패와 부패에 대한 민중의 반발이 일어났다. 이것이 바로 동학 사상, 즉 '민심은 곧 하늘의 마음'이라는 사상에 기반한 동학혁명이며, 후대에 인내천으로 발전했다. 동학은 글자 그대로 '동방 학문'을 의미한다. Noh Jung-Sun, *Religion and Just Revolution* (Seoul: Voice Press, 1987), 66–67.

280) Park Jong Chun, "Interliving Theology as a Wesleyan Minjung Theology" 169–170.

281) Theodore W. Jennings Jr., "Transcendence, Justice and Mercy: Toward a (Wesleyan) Reconceptualization of God," in *Rethinking Wesley's Theology for Contemporary Methodism*, ed., Randy L. Maddox (Nashville, Tennessee: Abingdon Press, 1988),76. See also, Park Jong Chun, "Interliving Theology as a Wesleyan *Minjung* Theology", 170.

교적 이해에 기여하며, 이는 다시 모든 인간의 본질적 존엄성에 대한 근거가 된다.

홍정수도 인내천 개념에 대해서 연구했다. 그는 인내천의 핵심 의미가 해원상생과 연관된 인존(人尊), 즉 인간의 존귀함을 의미한다고 주장한다.282) 이웃의 성공적 삶을 도와줌으로써 실현되는 인존은 해원상생을 통해 실현된다는 것이 그의 주장이다.283) 이런 의미에서 해원상생은 종교적 덕목이자 윤리적 덕목으로 간주된다. 해원상생은 해탈-구원과 세상의 사랑-화해로 가는 길이다.284)

3) 정경호

정경호는 상생의 윤리를 설명하기 위해 해원과 상생을 주장한 홍정수의 실험을 언급한다.285) 홍정수는 상생을 타인을 수용하는 것으로 보고 다음과 같은 실험을 했다: 그는 암탉에게 자신의 닭알과 함께 오리알을 품게 했다. 3주 후 노란 닭과 새끼 오리가 부화했고, 새끼들은 모두 암탉을 따라다녔다. 암탉은 닭과 오리에게 먹이를 주는 일까지 도맡아 했다. 홍정수는 상생이란 암탉이 자신의 닭뿐만 아니라 새끼 오리를 품어주는 것과 같다고 표현했다. 예수님처럼 모든 사람을 포

---

282) 홍정수, "숨은 예수 상생신학". 28.
283) 위의 책.
284) 위의 책.
285) Jeong Gyoung-Ho, "Korean Christian Ethics for Peaceful *Tongil* between South and North Korea" Ph. D. diss., (NY: Union Theological Seminary, 2002), 249-250.

용하고 모든 사람을 돌보는 것, 이것이 바로 상생의 목표였다.286)

또한 정경호는 '해원의 떡'의 이미지를 통해 상생 윤리가 무엇인지 명확하게 설명한다.287) 한국 전통에서는 정월 15일에 해원의 떡을 먹으며 타인에 대한 원한을 완전히 없애는 풍습이 있다. 다른 사람과 음식을 나누기 위해서는 밥상 공동체(식탁 공동체)의 구성원인 모든 사람을 용서하고 화해해야 한다. 해원의 떡은 치유와 화해의 과정을 상징하는 음식이다.288) 함께 밥을 먹음으로써 화해가 가능해지고 치유가 모두에게 자라나며, 뗄 수 없는 하나의 사랑공동체임을 확인한다. 화해와 치유로서의 해원에는 무조건적이고 무차별적인 포용의 의지가 필요하다. 화해를 위해 상대를 포용하려는 의지는 다른 사람과의 갈등보다 우선시 되어야 한다. 모든 인간은 하나님 앞에서 평등하기 때문에 누구도 사랑공동체의 품에서 배제되어서는 안 된다는 전제 아래 화해는 진행되어야 한다. 하나님과 화해하기 위해서는 공동체 안에서 다른 사람에 대한 원한(분노)을 극복하고 화해라는 사회적 미덕을 실천해야 한다. 또한 상생 윤리의 지배 원리가 균형과 평등이라는 정경호의 이해도 중요하다.289) 사랑나눔의 상생윤리는 해원과 상생 사이의 음양 관계에서 비롯된다. 상생윤리에 따라 살기 위해서는 "원한과 원망의 해결을 통한 균형의 회복이 필수적"이라는 것이 정경호의 생각이다.290)

---

286) 홍정수, "한국 사람을 위한 상생의 영" 『상생신학: 한국신학의 새패러다임』, 213-214, 236.
287) Jeong, 241.
288) 위의 책.
289) 위의 책.

5. 결론

상생윤리를 생각하면 김민기 시인의 통찰력 있는 시 "작은 연못"이 떠오른다. 대강 내용이 이렇다.

작은 연못에 예쁜 물고기 두 마리가 살고 있었다.
어느 맑은 여름날, 예쁜 물고기 두 마리가 서로 싸웠다.
한 마리가 물 위에 떠올랐어요, 살이 썩어 있었고 동시에 물도 오염되었죠.
마침내 그 작은 연못에 어떤 생명도 살아남을 수 없었다.

이 시는 상생의 윤리를 설명한다: 원망과 다툼은 살아남을 수 없다. 상생의 윤리는 다른 사람의 성공을 돕고, 다른 사람과 협력하며, 다른 사람과 자연과 그리고 신과 조화롭고 서로 품으며 아끼고 보드면서 조화롭게 평화를 이루며 사는 것이다. 한을 없애고 상생으로 사는 것이다. 그러면 상생이 번성할 것이다.

---

290) Park Kyu-Tae, "Ethics and Femininity in Korean and Japanese New Religions," 167;

제4부

한반도 통일과 통일신학[291]

오늘날 한국사람들이 통일을 지칭할 때 사용하는 '통일'이라는 단어는 문자 그대로 "하나로 모인다"는 의미이다. 통일의 의미는 하나의 공동체로 모이는 것이다. 기독교인에게 한반도 통일의 의미는 하나의 정치적 단위, 하나의 민족을 만드는 것에 국한되지 않아야 한다. 오히려 모든 한국인이 정의가 지배하는 공동체에서 평화와 사랑으로 살아갈 수 있는 새로운 한국 사회를 건설하는 데 초점을 맞춰야 한다. 이것이 바로 정의를 특징으로 하는 하나의 공동체에 초점을 맞춘 새로운 한국 사회 건설을 다루는 통일신학의 핵심이다.

이 장에서는 통일신학이 다루는 정의로운 공동체 개념을 살펴보기 위해, 먼저 브라질 해방신학자 레오나르도 보프의 저작에 나타난 공동체/교제 개념을 분석한다. 그의 패러다임은 통일신학의 핵심 요소

---

291) Park, Sam-Kyung. "Korean Reunification and Tongil Theology" *Madang* Vol. 22. (December, 2014) 67-90. 통일신학은 20세기 마지막 분기에 문선명이 세운 세계 통일교회와 관련된 통일신학과는 다르다.

인 일치와 공동체에 대한 비판적 분석의 틀을 제공한다.

먼저 보프의 저작을 살펴본 후, 보프처럼 공동체/교제를 한국-기독교 통일 윤리의 핵심 요소로 이해하는 세 명의 통일신학자292)들의 저작을 논의한다. 먼저, 이화여자대학교 명예교수였던 박순경의 저작을 알아본다.293) 그런 다음 한국신학대학 신학대학원의 고(故) 문익환 교수의 저작을 살펴본다. 통일 신학자이자 여성인 박순경과 통일 운동의 아버지로 여겨지는 문익환은 모두 한국의 통일을 하나의 공동체가 되는 데 헌신했다.294) 그들의 "따뜻한 마음"(생각)은 그들의 "몸"(실천)과 일치했다.295) 그들은 통일 운동에 참여했다는 이유로 여러 차례 투옥되었지만, 하나님 나라의 운동으로 이해한 한반도 통일을 위해 계속 행진했다. 세 번째 통일신학자는 연세대학교 기독교 사회윤리학 교수였던 노정선이다. 남북통일을 기독교 사회윤리의 문제로 이해하고, 한반도 통일이 지구촌의 평화와 정의에 공헌할 것이라는 사실을 처음으로 나에게 가르쳐 준 사람이 노정선 교수였다. 박순경, 문익환 그리고 노정선 교수들은 공동체/교제가 기독교 통일 윤리의 중심 요소가 되어야 한다는 데 의견을 같이한다.

---

292) 통일신학동지회는 강위조, 홍동건, 이영빈, 이화순 등 주로 미국과 독일에 거주하는 목사, 학자, 기독교인들이 조직한 단체로 1986년 로스앤젤레스에서 설립되었다. 3년 후, 문익환, 박순경, 홍건수, 홍성현, 박형규, 조용설, 박종화, 노정선 등이 한국에서 통일신학동지회를 설립했다. 통일과 민족교회의 신학, [통일과 민족교회 신학], 편, 통일신학동지회. (서울: 한울, 1990), 서론 참조.

293) 박순경 박사는 드류 대학교 대학원(현 신학대학 종교학부)에서 박사 학위를 받은 최초의 한국 여성이다. 조직신학자이며 저명한 칼 마이클슨 교수의 제자였던 박 박사는 1966년 박사 학위를 받았다.

294) 문익환 선생은 1994년 1월 18일 사망하였다.

295) 여기서 따뜻한 마음은 남북통일에 대한 열정을 뜻한다. 몸은 '마음을 따뜻하게 하는 것'에서 비롯되는 실천을 의미한다.

1. 레오나르도 보프의 공동체/친교(일치)

레오나르도 보프는 태초에 교감이 있었다라고 주장한다.296) 즉, 그는 태초에 신은 홀로 존재하지 않고 성부, 성자, 성령의 신성한 삼위일체의 교제 속에 존재하고 있다고 믿는다.297) 삼위일체의 각 위격은 서로의 현존 안에 존재하며, 서로에게 근본적인 상호성으로 열려 있다. 그리하여 각 위격은 사랑, 소통, 그리고 만남의 단일한 움직임을 형성한다.298) 이는 한 분 하나님 안에서 세 위격의 친밀한 일치 안에서 영원한 친교를 이룬다. 보프에게 삼위일체는 보편적 친교의 뿌리이며 원형이다.299)

보프의 삼위일체 이해에서 친교라는 개념은 매우 두드러지며, 인간 공동체와 밀접한 관련이 있다. 『삼위일체와 사회』에서 보프는 모든 것이 항상 다른 것들과의 친교, 즉 서로의 관계 속에서 존재한다고 지적한다. 보프에게 친교는 네 가지 요소, 즉 서로에게 향하는 현존성(presence one to another), 상호성(reciprocity), 직접성(immediacy), 그리고 공동체(community)로 특징지어진다.300) 서로에게 향하는 현존성은 "열린 마음으로, 상대방이 자신의 말을 듣고 받아들여지기를 기대하며 메시지를 보내는 동시에, 상대방의 메시지를 듣고 받아

---

296) Leonardo Boff, *Holy Trinity, Perfect Community* (Maryknoll, NY: Orbis Books, 2000), 3. Leonardo Boff, *Trinity and Society* (Maryknoll, NY: Orbis Books, 1988), 9.
297) Boff, *Holy Trinity, Perfect Community*, 47..
298) 위의 책.
299) 위의 책, 62.
300) Boff, *Trinity and Society*, 129.

들이는 것"을 의미한다. 메시지는 다른 사람과 대화하고 친교를 나누
고자 하는 한 사람의 진정한 현존이다.301) 그는 친교를 이루기 위해
서는 상대방을 환영해야 한다고 강조한다.302)

보프의 친교에 관한 두 번째의 특징은 두 존재가 서로 관계를 맺을
때 나타나는 상호성에 관한 것이다. 보프에게 친교는 한쪽에서만 이
루어질 수 없다. 마치 두 손이 서로를 꽉 쥐는 것과 같다. 그는 상호성
의 풍요로움(융합과 혼동되어서는 안 됨)은 한 사람이 자신의 정체성
을 가지고 유지하는 데 있다고 말한다. 친교의 관계에 깊이 관여하기
위해서는 상호성은 상호 작용하는 요소들 사이에 일정한 유사성(con-
naturality)을 전제로 한다. 사실상 공통점이 전혀 없는 완전히 다른 존
재들은 친교의 유대감을 형성하기 어려울 것이다.303) 그는 "상호 작
용할 때 본질적으로 같은 존재(유사성)들은 서로에게 특정한 매력을
느끼며, 이 매력이 클수록 그들 사이의 친교는 더욱 완벽해진다"라고
단언한다.304)

보프가 말하는 친교의 세 번째 특징인 직접성은 상대방과 함께, 그
리고 상대방을 위해, 마치 상대방 안에 있는 것 같은 느낌을 의미한다.
진정한 친교는 직접적이고 즉각적인 관계, 즉 눈과 눈, 얼굴을 맞대고,
마음을 맞대고 하는 관계에서 이루어진다. 이는 단순히 물리적인 존
재 그 이상을 의미한다. 친교는 친밀함, 의도의 투명성, 마음의 일치,

---

301) 위의 책.
302) 위의 책.
303) 위의 책.
304) 위의 책.

그리고 이해 관계의 수렴을 의미한다.305)

마지막으로, 공동체는 친교의 관계에서 탄생한다. 보프에게 친교의 산물은 공동체이다. 이는 함께 살고, 모든 사람의 개성을 존중하고, 차이를 부요함의 교환으로 받아들이고, 개인적인 관계를 형성하고, 형식적인 관습을 버리는 것을 의미한다.306) 공동체는 특정 사회 집단이 아니라 모든 형태의 인간 사회에 영향을 미치는 정신307)이라고 그는 주장한다.

보프는 또한 공동체 정신은 유토피아를 함축한다. 유토피아는 갈등이 없고, 공동의 이익이 개인의 이익보다 우선시되는 관계의 상호작용으로 구성되는 사회이다. 그러한 사회의 구성원들은 서로 연결되어 있고, 서로를 통해 완성된다고 느끼기 때문이다.308) 보프는 이러한 유토피아가 인류 역사상 결코 달성된 적이 없지만, 참여적이고 함께 사는 방식으로 사회적 변화를 가져올 에너지를 끊임없이 촉발한다고 말한다.309) 따라서 공동체는 각자의 개성을 존중하고, 차이의 존재를 다양함의 교환으로 받아들이며, 기꺼이 관계를 맺고 형식적인 관습을 버리는 가운데 유토피아를 창조하는 과정을 함축한다.

보프는 철학적으로 친교를 다음과 같이 생각한다. 우리-존재(Being-us): 소통의 역동성의 산물은 바로 우리, 즉 실제 공동체이

---

305) 위의 책.
306) 위의 책, 130.
307) 위의 책.
308) 위의 책.
309) 위의 책.

다. 이는 단순히 사회적, 가족적 사랑으로 이루어진 공동체라는 의미에서가 아니라, 우리가 하나의 전체의 일부가 되는 존재 양식으로서의 공동체이다. 우리는 항상 타인과 특별한 교감을 나누는 인간으로서 살고, 존재한다. 친교 안에 있는 존재들은 영구적인 이질적 상태에 놓여 있는데(ex-centricity) 이는 그들의 중심이 외부의 다른 중심으로부터 부름을 받아 함께 공동체를 형성하기 때문이다.310)

보프에 따르면, 이러한 "우리 존재"의 양식은 하나님 안에서 궁극적인 모델을 발견한다.311) 삼위일체 안에서 각 위격은 서로 구별되지만, 다른 위격 없이는 정의될 수 없다.312) 각 신성한 위격은 다른 위격들을 긍정하고 다른 위격들에게 굴복하며, 서로를 위해, 다른 위격에 의해, 다른 위격 안에, 다른 위격과 함께 존재한다.313) 보프는 삼위일체의 통일성은 이러한 관계들로 이루어져 있으며, 삼위일체 특유의 통일성, 즉 삼위일체라고 지적한다.314) 그는 하나님께서 삼위일체이기 때문에 바로 친교 안에 계신다고 단언한다. 삼위일체 하나님의 본질적인 관점, 즉 신성한 위격들 사이에 통일성으로 존재하는 친교는 단순한 획일성이 아니다. 이것이 바로 보프가 삼위일체를 완벽한 공동체로 여기는 이유이다. 그의 관점에서 진정한 친교는 상호 나눔과 호혜성을 통해 공동체로 이어진다. 그는 공동체는 각자가 있는 그

---

310) 위의 책. 131.
311) 위의 책.
312) 위의 책.
313) 위의 책. 이것이 보프가 삼위일체의 의미를 설명하는 방식이다. 그는 "하나님은 무한한 교감"이라는 점을 명확히 밝히기 위해 분석적, 철학적, 신학적 고찰을 제시한다. 위의 책, 128-134 참조.
314) 위의 책, 133.

대로 받아들여지고, 서로에게 마음을 열고, 자신의 최선을 다하는 인
격적 관계에서 비롯된다고 말한다.315)

보프는 삼위일체가 사회의 정치 및 종교 생활에 미치는 영향을 보
여준다. 그에게 삼위일체에 대한 신앙은 모든 불의에 대한 비판이며,
사회적 변혁의 차원을 포함하는 근본적인 변화를 위한 영감의 원천을
의미한다. 사람들을 해방한다는 것은 그들의 사회적, 경제적 구조를
변화시키는 것이다. 이러한 해방은 참여와 친교를 실현하는 것을 목
표로 하며, 이는 인류 역사에서 삼위일체적 친교의 신비를 가장 잘 반
영하는 현실이다. 삼위일체는 위계보다는 친교, 권력보다는 섬김, 피
라미드보다는 원형, 권위 앞에 무릎 꿇기보다는 사랑의 포용에 더 가
까운 교회의 비전을 보여준다.316)

보프에게 삼위일체는 교회와 사회가 어떻게 이해되어야 하는지에
대한 모델을 제공하는 "상호 침투하는 친교(perichoretic communion)"
를 구성한다. 그는 이렇게 말한다. 우리는 함께 살아 가도록, 그리고
삼위일체의 친교에 참여하도록 부름받았다. 사회는 궁극적으로 불의
하고 불평등한 관계에 갇혀 있는 것이 아니라, 삼위일체의 친교 안에
서 얻어지는 개방적이고 평등한 관계를 향해 스스로를 변화시키도록
부름받은 것이며, 이것이 사회적·역사적 진보의 목표이다.317) 따라서
보프는 기독교인들이 사회 변혁에 헌신하는 근거를 삼위일체에 두고
있다고 주장한다. 즉 최고 실재가 모든 실재의 원형이기 때문에 기독

---

315) Boff, *Holy Trinity, Perfect Community*, 3
316) Boff, *Trinity and Society*, 154.
317) 위의 책, 158

교인들은 사회를 변화시키고자 노력한다는 것이다.

보프에게 모든 피조물과 온 창조물은 삼위일체적 특징을 지니고 있다. 다시 말해, 모든 존재는 삼위일체의 형상과 모습을 지닌다. 존재하는 모든 존재는 무한한 신비로 특징지어지는 아버지의 표징을 지니고 있다. 각 존재는 자신으로부터 다른 무언가가 파생되도록 한다. 즉, 모든 존재는 시작을 가지고 있지만, 동시에 다른 무언가의 창조된 시작이기도 하다. 이러한 의미에서 우리는 삼위일체의 첫 번째 위격, 흔히 아버지라고 불리는 분의 신비를 표현하는 존재이다. 하지만 이 경우 그분은 아버지면서 동시에 어머니인 특성을 모두 지닌 분으로 이해되어야 한다.[318]

모든 피조물은 아들의 표징을 지니고 있다. 아들은 최고의 지혜를 드러낸다. 아들은 계시이며 지성이다. 또한 모든 존재는 자신을 드러내고, 자신의 진실을 보여주며, 이러한 방식으로 다른 존재와 소통한다.[319] 이렇게 서로 관계를 맺는 것이 바로 모든 자매와 형제를 하나로 묶는 것이다.

삼위일체적 관점에서 볼 때, 모든 것은 사랑과 연합이신 성령의 표징을 지니고 있다. 우주의 만물은 단순히 모여 있는 것이 아니라, 의미의 총체를 이룬다. 겉보기에는 혼돈스러워 보이지만 질서가 있다. 특히 사람들 사이에서는 연합과 친교에 대한 사랑과 이끌림이 작용한다.[320] 우리가 그분의 형상과 모습을 지닌 성령께서 사람들 사이의

---

318) Boff, *Holy Trinity, Perfect Community*, 106
319) 위의 책.
320) 위의 책.

사랑과 연합을 가능하게 하고, 공동체를 가능하게 한다.

모든 피조물 안에 내재된 삼위일체의 형상은 창조 당시의 질서대로 모든 존재들 사이에 일치와 친교, 조화를 회복하게 한다. 피조물로서 우리는 역사 속에서 하나님의 실재를 찾고, 가장 다양한 차이점들 속에서 친교와 조화, 일치를 이루어냄으로써 삼위일체의 내적 실재를 반영하도록 부름받았다. 이러한 보프의 삼위일체의 친교 페러다임은 통일신학으로 향하게 한다.

2. 통일신학 주요 요소: 공동체와 일치[321]

민중신학이 1970년대 민주화 운동의 맥락에서 생겨났다면, 통일신학은 1980년대 민족통일 운동의 맥락에서 생겨났다.[322] 통일신학은 특히 구조적으로 악한 것으로 간주되는 한국의 분단을 극복해야 할 필요성에 초점을 맞추고 있다. 통일신학에 있어서 한국의 민족 분단은 하나님의 평화를 역사 속에 세우는 데 방해가 되는 구조적 현실이다.[323] 통일신학의 목표는 하나의 평화공동체를 가능하게 하는 '정의로운 평화'이다. 통일신학에서 한국 통일은 그 자체가 목적이 아니라 모든 한국인의 일치를 이루고 하나의 공동체를 재건하는 과정이

---

321) 박삼경, 『하나님 나라의 이해』 92- 109 내용일부 재인용
322) Park Soon-Kyung, "Theological Significance of the Koran's Unification-Liberation" in *Minjok Tongshin* (Feb. 23, 2004), 2.
323) 박종화, "한국 통일의 성취와 통일 신학의 형성" 신앙과 신학 제3집, 『전환기에 선 한국교회와 신학』, 편., 한국 기독교서회 (서울: 양서각, 1988), 115.

다.324) 그러기 위해서는 불신과 적대감을 극복해야 한다. 일방적인 승리는 하나의 평화공동체라는 목표를 달성할 수 없다. 오히려 통일 신학의 목표는 정의의 열매인 평화와 일치이다(이사야32:17).325)

1) 박순경

최초의 여성 통일신학자인 박순경은 광주 민주화 운동이 통일신학의 시작과 발전에 어떻게 기여했는지 짚어본다.326) 1980년 5월 17일, 광주에서 계엄령에 반대하는 학생과 시민들의 시위를 진압하기 위해 당시 군사 독재자였던 전두환은 잔인한 전투 훈련을 받은 특수 부대를 투입해 시위대를 학살했다. 광주 학살을 계기로 학생들과 진보적 지식인들이 모여 광주민주화운동을 결성하고 통일 운동에 적극적으로 참여하기 시작했다. 광주 학살 이후 한국 군부는 유화 정책을 시도하여 학생과 비판적 지식인들을 중심으로 사회 문제에 대해 더 자유롭게 토론할 수 있도록 허용했다. 이는 평화를 위한 진정한 시도가 아닌 교묘한 전략이었지만, 일부 사람들은 이를 한국 사회에서 불법으로 간주되던 통일 운동을 진전시킬 수 있는 기회로 여겼다. 이러

---

324) 위의 책., 123.

325) 의의 책., 130.

326) Park Soon-Kyung "Theological Significance of Korean's Unification-Liberation" in *Minjok-Tongsin* (Feb.23, 2004), 2. 참고 박순경, 통일 신학: 한국의 통일과 하나님 나라" 기독교와 주체사상: 조국통일을 위한 남북 해외 기독인과 주체사상가의 대화『기독인과 주체사상가의 대화』, 편. 북미 기독교 학자들 모임 (서울: 믿음과 지성사, 1993), 133-134.

한 상황에서 통일신학은 항상 민중운동과 관련지어 정교화되기 시작했다.

박순경은 광주민주화운동을 기점으로 통일신학이 민중의 절규에서 시작되었고, 민족 분단으로 인해 무거운 짐을 지고 있는 민중 때문에 계속되고 있다고 전제한다.327) 그녀에게 통일신학은 구조적 악이자 민중 고통의 원인인 분단의 죄를 고백하는 데서 출발한다. 통일신학은 평화로운 공동체, 민주적이고 정의로운 샬롬의 공동체를 이루는 것을 목표로 한다. 평등, 평화, 자유, 정의가 민족 통일의 진정한 길이라는 것이 그녀의 생각이다. 기독교가 억압받는 사람들의 해방에 관여하지 않는다면 기독교는 예수 그리스도를 통한 신적 구원의 의미를 상실한 것이다.328)

박순경은 통일을 서로 다른 이념과 생각을 가진 사람들이 함께 어울려 살면서 하나님 나라를 만들어가는 과정으로 보고 있다. 그녀는 말한다, 어떻게 우리가 종말론적 부활에 대한 신앙을 유지하고 종말론적으로 다가오는 하나님 나라를 선포하면서, 세계 자본의 권력으로부터 가난한 민중을 해방시키는 일에 실질적으로 참여하지 않고 어떻게 종말론적 부활 신앙을 유지할 수 있을까? 자본주의 세계의 일부가 된 기독교는 예수 그리스도를 통한 신적 구원의 의미를 상실했고, 하나님

---

327) 그녀는 통일을 "제3의 길"로 여긴다. 제1의 길과 제2의 길이 무엇인지 직접적으로 언급하지는 않지만, 제1의 길은 기독교를, "제2의 길"은 마르크스주의를 가리킨다. 그녀는 제1의 길과 제2의 길이 어떻게든 조화를 이루어야 협력적인 길을 찾을 수 있다고 생각한다. 박순경, 『통일신학의 미래』, (서울: 사계절, 1997), 342-343. 박순경, 『통일신학의 여정』, (서울: 한울, 1992), 69. 박순경, 『통일 신학의 고통과 승리』, (서울: 한울, 1992), 288.
328) 박순경, 『통일 신학의 고통과 승리』, 288.

나라의 실제적 도래를 선포할 수 없게 만들었다고 그녀는 비판한다.

박순경이 보기에 세계 질서의 변혁은 구원과 하나님 나라의 도래를 선포하기 위한 준비 과정이다. 하나님 나라는 사회를 변혁하는 역동적인 힘이다.329) 즉 하나님 나라는 이 땅에 세워질 것이다. 세상에 정의와 평화를 세우기 위해 노력하지 않고 그리스도인이 죽은 후에 하나님 나라에 갈 것이라고 생각하는 것은 성경적이지 않다. 하나님의 나라는 정의, 평화, 사랑이 실현될 때 비로소 현실이 된다.

박순경에게 성령은 사회를 변화시키는 역사 속의 하나님이다.330) 성령은 새로운 교회, 새로운 나라, 새로운 세상을 탄생시킨다. 그래서 박순경은 성령을 "어머니"라고 부른다. 어머니로서 성령은 생명의 근원이자 역사와 세상을 변화시키는 영이다.331) 박순경에 따르면 통일 운동은 남북한을 변화시키려는 성령의 역사다.332) 평화와 자유을 위한 사랑의 성령께서 남북한을 하나로 묶어 정치적 자유와 경제적 평등, 사회적 정의와 평화가 넘치는 새로운 통일의 대한민국으로 만들어 주실 것이다.333) 박순경은 성경의 희년에 비추어 한국의 통일을 바라본다.334) 레위기 25장에 나오는 희년은 50년마다 돌아오는 해로, 토지를 원래 주인에게 돌려주고 노예와 종을 해방하는 해이다. 그

---

329) 박순경, 『통일신학의 미래』, 151.
330) 위의 책, 155.
331) 위의 책, 157.
332) 위의 책, 156.
333) 위의 책, 109.
334) 위의 책.

목적은 하나님의 공의에 기초한 공동체의 평등을 회복하는 것이었다.335) 박순경에게 통일은 성서의 희년처럼 민족의 해방과 평등, 그리고 민주적 사회를 목표로 한다.

제 3의 길인 통일을 찾기 위해 박순경은 민(民)과 족(族)의 합성어로 말 그대로 '한 민족의 백성'을 뜻하는 민족이라는 개념을 다룬다. 통일신학에서 민족은 분단으로 인해 억압받는 민중, 즉 억눌린 민중을 가리킨다. 박순경은 "통일의 주체로서의 민족은 곧 민족 해방의 주체"라고 말한다.336) 그녀는 통일 과정에서 민족이 중심이 되어야 한다고 주장한다.337)

박순경은 통일운동과 한국교회 내 남성 중심주의에 대해서도 비판한다. 통일을 위한 예언자적 사명을 감당하기 위해서는 한국 여성들이 각성해야 한다는 것이 그녀의 생각이다. 통일에 대한 여성의 참여는 통일운동의 진정한 민주적 정신을 시험하는 일이기 때문이다. 한국교회의 가부장제가 바뀌어야 한다고 주장하는 이유도 여기에 있다. 박순경에 따르면 여성과 남성의 평등은 사회적, 경제적, 국가적 평등과 연결된다. 이 모든 영역에서 평등을 위해 노력하는 것이 하나님 나라를 위해 투쟁하는 여성들의 역사적 사명이라는 것이 그녀의 생각이다.338) 여성 평등을 위한 투쟁은 평화 통일 과정의 일부로 이해된다. 여성과 남성의 평등은 하나님 나라의 핵심 요소다.339)

---

335) 위의 책.
336) 위의 책, 47.
337) 위의 책, 47-50, 295.
338) 위의 책, 248-249.

2) 문익환

문익환 목사(1918-1994)는 한국 통일 운동에 매우 적극적으로 참여했다. 그는 한민족을 하나의 민족, 하나의 몸으로 보았다.[340] 문목사에게 있어 한민족의 통일은 이념과 체제의 차이를 초월하는 일차적인 목표였다.[341] 그의 일치에 대한 이해는 예레미야 8장 11절에 나오는 샬롬의 개념에 기초했다. "그들은 내 백성의 상처를 아무렇지도 않은 듯이 덮는다. 그들은 평화가 없는데도 '평화, 평화'라고 말한다."[342] 문목사는 샬롬을 몸과 마음이 건강한 개인적 건강, 하나의 민족으로 통합된 사회적 건강, 경제적으로 풍요로운 상태, 종교적으로 건전한 삶을 누리는 것으로 이해했다.[343] 이 진정한 샬롬은 유토피아가 아니라 하늘에서 내려오는 것이며, 정의와 평화가 넘치는 삶을 위해 투쟁하는 사람들에 의해 세워질 것이다.[344] 샬롬의 하나님의 뜻은 인간의 손에 의해 이루어질 것이다. 그렇기 때문에 문목사는 기독교가 개인의 구원보다는 평화와 정의의 나라, 하나님 나라에 초점을 맞춰야 한다고 생각했다.[345] 문목사는 샬롬 공동체를 이루기 위해서는 반드시 평화스럽게 통일이 되어야 한다고 생각했다.

---

339) 위의 책, 246.

340) 문익환, 『통일은 어떻게 가능한가』, (서울: 학민사, 1984), 41.

341) 위의 책, 39, 42.

342) 문익환, "메시야 왕국을 향하여," 『한국의 정치신학』, 편, 기독교사상 (서울: 기독교 서회, 1987), 368.

343) 위의 책, 369.

344) 위의 책, 368, 372.

345) 위의 책., 373.

문익환은 초대 교회 공동체가 평등, 정의, 자유가 존재하는 샬롬 공동체였다346)고 주장했다. 그는 남북한 통일을 통해 새로운 공동체, 샬롬 공동체가 세워질 것이라고 말했다. 그 결과 정의, 평화, 민주주의가 꽃피고 인간의 존엄성과 평등이 증진되는 하나의 대한민국이 될 것이다.347) 민주적이고 평화의 사회로서의 샬롬 공동체는348) 국민을 사랑하고 포용할 것이며, 이는 평화를 가져오는 데 기여할 것이다.349) 문목사에게 통일의 목표는 바로 이러한 샬롬 공동체를 이루는 것이었다.350) 이 목표를 달성하기 위해서는 남한은 물론이고 북한 주민 모두가 하나됨을 추구하지 못하게 하는 분열적이고 군사적인 흑백논리를 극복해야 한다고 문 목사는 주장했다.351) 그에게 통일신학은 한몸,352) 즉 몸과 마음의 이원론을 극복하는 한몸에서 출발한다.353) 남북한은 한 몸이다.

문익환은 국토를 흙에서 나온 우리 몸을 상징하는 것으로 보고 지리적 통일354) 에 대해 이야기했다. 땅을 사랑하지 않고는 우리 몸을 사랑할 수 없다.355) 우리 몸을 사랑한다면 우리 땅을 사랑해야 한다.

---

346) 문익환, 『통일은 어떻게 가능한가』, 96.
347) 위의 책.
348) 위의 책, 83.
349) 위의 책, 97.
350) 위의 책.
351) 문익환 "우리의 염원", 통일과 민족교회의 신학, 편., 통일 신학 동지회 (서울: 한울, 1990), 15.
352) 한몸이라는 용어는 보통 "하나의 몸"으로 번역된다. 이 용어는 단순히 육체적인 몸에만 국한되지 않고, 몸과 마음을 모두 포함하는 개념이다.
353) 위의 책., 17.
354) 나중에 문익환목사는 민족통일, 국가통일, 지리적 통일을 넘어 토지통일이라는 세 가지 차원의 통일을 언급한다.
355) 문익환, 『통일은 어떻게 가능한가』, 41.

땅은 우리의 몸이고, 조상의 몸이고, 후손의 몸이다.356) 그러므로 우리 땅이 분단되어 있는 한 우리 몸도 분단되어 있다. 이것은 평화를 요구하는 비극이다.357) 이 비극을 극복하기 위해서는 모든 차이를 포용할 수 있는 넓은 마음, 넓은 의지가 필요하다.358)

문익환에게 민중은 중요했다. 그에게 하나님은 분단된 민중의 하나님으로, 한국 분단의 희생자들 편에 서 계신다. 한국인은 이스라엘 백성을 이집트에서 해방시킨 출애굽의 하나님을 따른다. 문목사는 평화통일은 외부의 간섭 없이 민중의 노력으로 이루어져야 하며, 민중이 통일 한국을 만드는 주체가 되어야 한다고 생각했다.359) 그는 분단이 민중에게 고통만을 안겨주었다고 믿었다. 그에게 분단은 북한(김일성)과 남한(박정희)의 독재와 부의 불평등한 분배를 초래했다. 한국이 분단되어 있는 한 민중은 여전히 경제적인 고통과 어려움을 당할 것이다. 한국이 분단된 이상 민중은 남한의 자본주의와 북한의 공산주의에 의해 억압되고 착취당할 것이다. 따라서 문목사에게 통일을 위해 일하는 것은 민중의 해방과 민주주의와 평화를 위해 일하는 길이다.360)

---

356) 위의 책.
357) 위의 책., 42.
358) 위의 책.
359) 위의 책., 37-38.
360) 위의 책., 38.

3) 노정선

통일신학자 노정선은 강대국들이 자국의 이익을 위해 한국을 이용해 왔다고 주장한다.361) 그의 견해에 따르면 한국의 분단은 우연한 일이 아니라 미국과 러시아 간의 냉전의 부산물이다. 미국과 러시아에 대한 의존을 극복하기 위해서는 남북한 모두 한반도 통일을 이룰 수 있는 방법을 찾아야 한다. 특히 노정선은 남북한이 통일을 이룸으로써 진정한 탈식민지화와 강대국의 지배로부터의 해방을 이룰 수 있다고 강조한다.

노정선은 통일을 가로막는 가장 큰 요인은 분단 현실의 산물인 동시에 분단 지향적인 국민들의 사고방식이라고 보고 있다. 따라서 통일을 이루기 위해서는 남북한을 하나의 공동체로 인식할 수 있도록 국민들의 사고방식을 바꾸기 위해 노력해야 한다. 분단 현실의 영향으로 분단 논리는 한국 사회 각계각층에 만연해 있다. 특히 남한의 기독교인 대부분은 분단 신앙, 분단 이데올로기, 분단 신학을 가지고 있다고 그는 지적한다.362) 그는 북한과 남한은 적이 아니라 하나의 민족 공동체라고 강조한다.363) 남북한 주민은 이념과 체제의 차이를 넘어 서로 연결된 형제자매라는 것이다

---

361) Noh Jong-Sun, *God of Reunification: Toward a Theology of Reunification* (Seoul: Yonsei University Press, 1990), 1; see also, Noh Jong-Sun, *The Third War* (Seoul: Yonsei University Press, 2000), 96.

362) 위의 책., 59.

363) Noh Jong-Sun, "Division and Reunification of Korea" in *The Third War: Christian Social Ethics* (Seoul: Yonsei University Press, 2000), 98, 107.

노정선은 남북한이 적이 아니라 혈연으로 맺어진 민족임을 강조하는 신학적 통찰을 제시한다. 그는 성경 속 이스라엘처럼 남북한은 신라, 고려, 조선 왕조 수천 년 동안 하나의 왕국이었다. 남북한 모두 잔인했던 일본의 식민 통치의 피해자였다. 남북한은 강대국들의 분할 통치 전략과 서구 마르크스주의와 서구 자본주의라는 이질적인 정치−경제 이데올로기의 희생양이 되었다. 한국전쟁과 기타 저강도 전략으로 인해 남북한은 고통과 죽음을 겪었다. 남북한은 서로를 악마화하고 미국과 러시아의 꼭두각시 국가라고 서로 부르며 막말과 선전을 주고받으며 존엄성을 잃었다. 남북한은 세계 정치 패권 전쟁의 피해자임에도 서로를 적으로 만들었다. 그러나 남북한은 같은 핏줄을 나눈 동족이며, 같은 역사, 같은 자연, 같은 언어를 공유하고 있다.364)

노정선은 에스겔 37장 15~26절이 평화통일을 찬성하시는 하나님을 보여준다고 주장한다.365) 이 구절에서 이스라엘의 분단은 하나님의 뜻에 어긋나는 것으로 제시된다. 하나님은 분열된 유다와 이스라엘 왕국을 통일하기를 원한다: "내가 그들을 이스라엘 산지에 있는 땅에서 한 나라로 만들 것이다. 그들 모두를 다스리는 한 왕이 있을 것이며, 그들은 다시는 두 나라가 되거나 두 왕국으로 나뉘지 않을 것이다."

노정선에 따르면 처음에 통일을 누리셨던 하나님은 결국 최초의 인간 사이에 분열을 경험하셨다. 이 분열은 죄를 가져왔다.366) 그는 우리가 이러한 분열을 회개하고 통일을 위해 노력할 때 비로소 공동체

---

364) 위의 책., 60−61.
365) 노정선, 『통일신학을 향하여』, (서울: 한울, 1988), 57.
366) 위의 책., 56.

구원의 과정으로 들어갈 수 있다고 주장한다. 그는 하나님께서 이스라엘을 애굽과 바빌로니아의 종살이에서 해방시켜 주신 것처럼 한국의 통일도 하나님께서 이루어 주실 것이라고 주장한다.367)

노정선에게 통일은 1945년 당시의 한국으로 돌아가는 것이 아니다. 통일은 정의, 평화, 그리고 화합이라는 새로운 가치를 추구하는 역동적인 과정이다. 통일 사회는 반드시 정의에 기반해야 한다. 남북한 국민 모두가 서로의 차이를 존중하고, 연대하며, 서로에 대한 존중을 바탕으로 관계를 구축할 때 비로소 한국에 정의가 실현될 수 있다.368)

3. 통일신학의 윤리적 요소들

통일신학은 남북한 통일을 단순히 현재의 분단을 극복하는 것만이 아니라 평화, 정의, 자유, 화해, 그리고 평등에 내재된 통일에 초점을 맞추고 있다. 통일신학의 목표는 상호 존중과 타자에 대한 섬김을 핵심적 특성으로 삼아 모든 사람의 친교를 만드는 것이다. 통일신학은 모든 한국인이 평화롭고 정의롭게 공동체 안에서 살아갈 수 있는 새로운 사회를 건설하는 것이다.

박순경의 작업에서 분단의 억압을 직접적으로 겪는 사람들의 경험에 귀를 기울이려는 의도적인 노력의 필요성이 드러난다. 이러한 경

---

367) 위의 책., 61.
368) Noh Jong-Sun, "Inter Korea Talks and the Paradigm Shift for Politics of Shalom" in *The Third War:* 61.

청은 진정한 상호성을 추구하는데, 박순경이 생각하는 통일은 공동선을 향해 나아갈 수 있는 상호성을 구현하는 것이기 때문이다. 따라서 통일은 다양성을 소중히 여기고 한민족이라는 일치감과 더불어 서로 포용하는 상호성을 촉진함으로써 평화통일 담론에 관련된 모든 사람의 도덕적 주체성을 존중한다. 따라서 박순경은 남북한이 서로 교감하는 관계에서 기독교인과 마르크스주의자 간의 대화를 제안했다. 그녀는 기독교가 자본주의를 옹호하는 이데올로기로 기능한다고 본다.369) 따라서 기독교는 억압적인 현상 유지를 교묘하게 옹호하는 것이다. 그녀는 마르크스를 따라 종교가 현상 유지를 정당화하는 역할을 한다고 본다. 그녀는 한국의 기독교인들이 현상 유지를 위해 반공주의를 지지한다고 믿었다. 따라서 기독교인들은 분단 극복을 위해 북한의 마르크스주의자들과 대화해야 한다고 그녀는 생각했다.370)

1991년 3월 28일부터 30일까지 미국 뉴욕 스토니 포인트에서371) 마르크스주의자들과 기독교인들 간의 대화가 열렸다. 이 대화는 각자의 입장에 대한 편견과 오해, 잘못된 해석을 상당 부분 해소하는 데 성공했다. 이 대화는 인간의 존엄성, 평등, 자유, 화해, 평화를 증진하는 것을 목표로 삼았다. 기독교인들은 마르크스주의와 사회주의를 진지하게 받아들였다. 그들은 기독교와 사회주의에 공통된 가치를 옹호하는 것이 기독교인의 책임이라는 것을 받아들였다. 이때 박순경은

---

369) 박순경, "통일신학: 조국통일과 하나님나라," 『기독교와 주체사상: 조국통일을 위한 남북해외 기독인과 주체사상가의 대화』, 132.
370) 위의 책.
371) 위의 책., 24−25.

북한의 주체(자주) 철학자의 강연을 듣고 주체사상을 신학과 기독교 윤리 연구에 접목하기로 결심한다.372)

4개월 후인 1991년 7월 9일부터 12일까지 도쿄에서 또 다른 대화가 열렸다. 박순경은 "기독교와 민족 통일의 전망"이라는 제목으로 발표를 했다. 그녀는 기독교가 북한의 지도 이념인 주체사상에 참여해야 한다고 말했다.373) 그녀의 메시지에는 모든 한국인들이 서로를 존중해야 한다는 요청이 내포되어 있었다. 그녀는 모든 한국인을 존중하고 배려하는 통일 과정을 요구했다. 이를 통해 오랫동안 내재된 서로에 대한 불신과 의심, 증오, 심지어 두려움까지 극복하고 상호 이해와 존중의 여지를 만들 수 있는 환경과 분위기가 조성되기를 바랐다. 그녀는 남한이 주체사상의 자립, 경제, 국가 수호에 대해 스스로 개방적이어야 한다고 제안했다.374) 남한과 북한은 사회주의와 자본주의의 장점을 결합할 수 있는 방법을 찾아야 한다. 한국의 많은 사람들이 평화스런 통일된 사회를 소망한다. 남북한 모두 정의, 평화, 사랑을 위한 공동체적 연대의 미래를 구상하면서 자립과 단결의 정신을 발휘한다면 그리고 통일이 되면 국가가 강하고 부유하며 번영할 수 있다는 것을 알고 있다. 도쿄에서의 연설은 많은 대가를 치렀고, 귀국 후 박순경은 한국 정부에 의해 투옥되었다.

박순경의 민족에 대한 이해는 상호성이 유사성(con-naturality)을 전

---

372) 박순경, 『통일 신학의 미래』, 112.
373) 위의 책., 118. 226-229. 참고 박순경, "주체사상에 대한 금기: 냉전체제를 넘어서," 『평화와 실천마당』, 편., 홍근수목사 논문 수집위원회 (서울: 한울 아카데미, 2003), 371.
374) 위의 책.

제로 한다는 보프의 입장과 같다. 박순경에게 민족은 자본주의와 사회주의 사이에 다리를 놓는 데 필요한 유사성의 연결고리를 제공한다.375) 그녀는 남북한 국민을 민족으로 인정하는 것이 협력과 공존을 의미하기 때문에 가장 중요하다고 생각한다. 그녀는 특히 민족의 개념에 남북한 사람들이 통일을 이루기 위해 외국의 개입을 필요로 하지 않는다는 것을 의미한다는 점에 초점을 맞춘다.376) 남북한 주민은 민족이기 때문에 이념이 달라도 함께 살아갈 수 있다. 박순경에게 민족은 사회주의와 자본주의의 유사성 원칙이 진정한 평등주의 사회로 이어질 수 있는 제3의 길이다. 그녀는 이 제3의 길을 만들어내는 것은 남북의 창의적인 지혜에 달려 있다고 생각한다.377)

박순경과 수감중이던 문익환이 주고받은 편지에서 문익환은 이스라엘이 서로 다른 부족을 넘어 하나님과의 언약에 바탕으로 하나의 민족, 새로운 공동체를 이룬 것처럼, 통일신학 또한 한민족이라는 개념을 초월해야 한다고 언급했다.378) 문익환에게 통일은 대한민국이 하나 이상의 의미를 지니고 있으며, 크고 포용적인 공동체로 나아가야 한다는 점이다. 문익환에게 통일은 남북한의 두 이념과 체제를 융합하여 민족 해방을 이루는 과정을 의미한다. 남북한 국민에게 해방이란 곧 통일을 말한다.379) 문익환에게 자유와 평등은 분리된 것이

---

375) 박순경, 『통일신학의 미래』, 295.
376) 위의 책, 331.
377) 위의 책., 142.
378) 문익환, 『목메는 강산 가슴에 곱게 수 놓으며: 늦봄 문익환 목사의 옥중서신』, (서울: 사계절, 1994), 247.
379) 위의 책., 248.

아니라 동전의 양면과도 같다.380) 그의 성경 해석에 따르면 정의는 자유와 평등이다. 정의는 또한 다른 사람을 사랑하는 실천을 의미한다. 그러므로 문익환에게 '하나 된 대한민국'을 만드는 일은 자유와 평등을 조화시키는 사랑의 실천이다.

문익환은 평화를 사회적, 공동체적, 계약적 방식으로 성취감, 행복, 안녕, 우정을 구현하는 심오하고 구체화된 감각으로 이해한다.381) 평화는 생명을 사랑하는 것이다. 평화는 사실 사랑의 표현이다. 평화는 생명을 죽이는 전쟁을 멈추게 한다.382) 또한 그는 가난을 평화의 적으로 보았는데, 가난은 사람들을 충만한 삶에서 멀어지게 하기 때문이다. 통일신학은 평화신학이기 때문에 한국 민족이 직면한 경제적 문제를 고려해야 한다. 정치적 자유는 경제적 자유 없이는 불가능하다. 그렇기 때문에 가난으로 고통받는 남북한 주민들을 돕는 일은 매우 중요하다. 인간의 생명을 무시하는 것은 궁극적으로 비인도적이고 도덕적으로 잘못된 것이다. 그에게 있어 선의는 인간의 존엄성을 높이고 남북한 주민들 간의 관계를 돈독히 하는 사랑에 기반한 평화이다.383)

문익환은 박순경과 마찬가지로 민족이라는 개념을 활용하여 남북한 모든 사람들의 해방을 기반으로 남북 간 대화의 구축 노력을 장려했다. 남북한 대화를 촉진하기 위해 문익환은 1989년 체포될 위험에

---

380) 위의 책., 249.

381) William A. Vangemeren, ed., *The New International Dictionary of Old Testament Theology & Exegesis*, Vol 4. (Grand Rapids: Zondervan, 1997), 130-131.

382) 문익환, 『목메는 강산 가슴에 곱게 수 놓으며: 늦봄 문익환 목사의 옥중서신』, 251.

383) 문익환이 가진 공동체 의식은 보프가 이해하는 유사성과 흡사하다.

도 불구하고 북한을 방문해 당시 북한 지도자였던 김일성을 만났다. 문 목사와 김 위원장은 어느 한쪽이 다른 한쪽을 정복하는 것이 아니라 공존을 목표로 삼아야 통일을 이룰 수 있다는 데 동의했다.384) 문익환은 보프가 지적한 것처럼 편견과 타인에 대한 고정관념을 극복하고 이해와 공감을 경험하기 위해서는 직접 만나야 한다고 믿었다. 한국인들은 지난 반세기 동안의 이념적 차이보다 더 오래되고 깊은 역사적, 문화적, 민족적 공통의 뿌리를 가지고 있다는 사실에 도움을 받을 수 있다. 개인적인 만남과 대화는 "자신을 상대방에게 소개하고 상대방을 환영하는 것"을 가능하게 한다.385) 이는 양측이 불신과 증오를 극복하고 이념적 차이를 넘어서는 방법을 찾는 데 도움이 될 것이다.

노정선의 가장 큰 공헌은 현재 남북한 사람들의 사고방식을 변화시켜 그들이 서로를 아끼고 정부 체제의 차이를 넘어 하나의 민족 공동체를 이룰수 있도록 한다는 점을 강조했다는 것이다. 그는 남북한이 적이 아니라 혈연으로 맺어진 한 민족이라는 점을 역설한다. 노정선은 한국 분단으로 여전히 고통받고 있는 이산가족에 대해 매우 강하게 호소한다.386) 이산가족의 눈물을 닦아주지 않고서는 진정한 평화를 이룰 수 없다는 것이다.387) 분단의 피해자로서 70년 이상 고통을 겪어온 이산가족들은 보프가 언급한 즉각적인 재회의 조속한 실현을 간절히 바라고 있다. 통일이 시작되면 남북한 주민들은 친척이 어디

---

384) 채희동, 『늦봄 문익환의 삶과 사상』, [민중과 신학], 3 (2000, Autumn).
385) Boff, *Trinity and Society*, 129.
386) Noh, *God of Reunification: Toward a Theology of Reunification*, 25.
387) 위의 책.

에 있든 자유롭게 방문할 수 있을 것이다. 이는 모든 남북한 사람들 사이에 친밀감과 이해를 증진시키고, 동일한 하나의 민족적 정체성과 유산을 공유하는 사람들 사이의 단합을 회복하는 데 기여할 것이다. 통일의 과제는 남북한 주민 간 신뢰를 회복하는 것이며, 이산가족 방문부터 시작하는 것이 가장 자연스러워 보인다. 이후 학자 교류, 경제 개발 분야 협력, 비무장지대의 군사적 긴장 완화 등이 이어질 수 있다.

노정선은 남북한 주민들이 자본주의와 공산주의를 우상처럼 섬기고 있다는 사실을 모른다고 주장한다.[388] 남북한 주민들은 이데올로기를 숭배하는 죄를 회개해야 한다. 그런 우상숭배를 버리는 것이 통일을 앞당기는 길이다. 또한 서구 신학이 한국 교회에 영향을 미쳐 자본주의를 비판하기보다 내면화하도록 부추겼다는 주장도 그는 제기했다. 이를 통해 서구 신학과 한국교회는 분단된 한국을 하나님의 뜻인 것처럼 유지하는데 기여해 왔다는 것이다.[389] 분단된 한국은 인간의 존엄성, 하나님의 형상으로서의 인간을 파괴하기 때문에 통일을 핵심 요소로 하지 않는 신학을 하는 것은 우상숭배라고 그는 주장한다.[390] 신학은 어떤 이데올로기가 설득력을 가지려면 인간 존엄성이라는 보편적 가치, 그리고 연대가 평화에 본질적이라는 점을 항상 고려해야 한다. 연대는 어느한 쪽이 다른 쪽을 이기는 것을 목표로 삼지 않는다. 평화는 하나님의 형상대로 창조된 사람으로서 서로 관계 맺는 결과이다.

---

388) 노정선,『통일 신학을 향하여』, 58.
389) 위의 책., 58-60.
390) 위의 책., 61.

평화 통일의 목표 중 하나는 모든 사람의 가치와 존엄성을 증진하는 것이다. 그렇기 때문에 우리는 서로를 동등한 가치를 지닌 존재, 동등하게 창조된 존재, 하나님의 자녀로서 동등하게 사랑받는 존재로 바라봐야 한다. 필연적으로 다가올 통일을 준비하는 것은 그리스도인의 과제이다. 남북한 주민들이 평화롭고 자유롭게 살아갈 수 있기 위한 필수적인 토대를 마련하는 것이 시급하다.

4. 결론

    보프의 모델을 구성하는 첫 세 가지 요소, 즉 서로에 대한 현존성, 상호성, 그리고 즉각성은 내가 살펴본 세 명의 통일 신학자들의 저작에서 매우 유사하게 나타난다. 통일이 한국인이 민족임을 인정하는 것이어야 한다는 주장은 보프의 패러다임이 지향하는 공동체를 보여준다. 만약 교회가 모든 한국인이 다시 하나의 민족이 될 수 있도록 최선을 다하지 않는다면, 한국 교회는 삼위일체 하나님에 대해 설교할 수 없다.

    박순경과 문익환의 통일론은 민족이라는 개념에 기반을 두고 있는데, 이는 분단된 가족의 눈물을 닦아주어야 한다는 노정선의 주장과 매우 유사하다. 이 세 명의 통일 신학- 윤리학자들은 모두 민족을 하나로 모으고, 한국 국민이 분단의 고통에서 벗어날 수 있도록 정부 기관이 필요한 모든 조치를 취해야 한다고 주장한다. 이들은 모두 보프와 마찬가지로 통일을 통해 민족을 다시 하나로 만들기 위해서는 방문과 대화의 과정이 필수적이라고 생각한다. 그래야만 남북한 사람들이 서로를 다시 알게 될 것이다. 직접적인 만남을 통해서만 의심과 불신을 극복하고 상호성을 확립할 수 있을 것이다. 함께 있을 때 비로소 상호성이 발휘될 때 비로소 통일 한국이 탄생할 수 있을 것이다.

문익환의 시 '두 하늘, 한 하늘'이 떠오른다. 한국 분단으로 고통받는 한 아버지가 비무장지대에 서서 차갑고 비 내리는 밤, 아침 햇살이 비추는 하늘을 올려다본다. 왼쪽 눈으로는 북한이, 오른쪽 눈으로는 남한이 보인다. 그는 이 하늘들이 서로 다른 하늘이 아니라 하나의 하늘, 하나의 나라임을 깨닫고 눈물을 흘린다.391) 이는 문익환을 이끌었던 깨달음이며, 박순경, 노정선, 그리고 남북한을 물론하고 진정으로 한국 통일에 헌신하는 통일 신학자들과 한국인들을 계속해서 이끌어가는 깨달음이기도 하다.

---

391) 문익환, 『두 하늘 한 하늘』,(서울: 창작과 비평사, 1989), 164-165.

제5부

한반도 통일과 교회 역할

21세기 한국의 통일 윤리는 한국 문화와 현실에서 비롯되어야 한다. 본 논문은 한국적 사고와 현실에 기반한 통일 윤리를 정립하는 것을 목표로 한다.

나는 연세대학교 노정선 교수의 가르침을 통해 한국 통일 윤리의 필요성을 처음 깨달았다. 노 교수께서는 민중신학이 통일신학으로 발전했다고 말씀하셨다. 나는 박사 과정을 밟으면서 이 말씀을 마음속에 새기고 민중신학과 통일신학에 대해 폭넓게 연구했다. 그러던 중 상생신학을 접하게 되었고, 그 주요 요소들이 통일 윤리에도 중요한 역할을 할 수 있음을 깨닫게 되었다. 민중, 상생, 통일이라는 세 가지 신학에서 한국 통일 윤리의 핵심 가치인 정의, 원한 해소, 그리고 공동체를 도출해 내었다. 하나의 대학민국의 비전은 반드시 정의에 기반해야 한다. 한국에서는 원한의 해소 없이, 한의 깊은 상처를 치유하지 않고서는 이 일이 불가능하다.

1. 민중·상생·통일신학 요소들

민중신학은 1970년대 군사 독재 정권의 불의에 맞선 민중들의 투쟁에서 탄생했다. 제2장에서 설명했듯이 민중신학 뿐만 아니라 민주화의 투쟁에서 나온 해방에 대한 성찰에는 민중이 국가의 우선순위를 결정하는 데 참여하는 민주주의에 대한 깊은 감각이 포함되어 있다. 작금의 현실은 모든 이들의 복지에 기여할 수 있는 종합적인 경제 개발 계획을 필요로 한다. 민중신학이 말하는 해방의 의미를 이 복지 요청과 함께 맥을 같이 하면 어떨까? 민중신학은 민중이 정부 각 분야 문제에 참여함으로써 복지 안녕에 관한 것을 보다 더 효과적으로 잘 풀어가지 않을까 한다. 또한 민중신학은 민중 억압과 착취, 여성의 소외와 폭력, 그 밖의 모든 형태의 불의를 고발하고 이를 변화시키기 위한 투쟁과도 관련이 있다.

상생 신학은 19세기 민중들의 좌절된 혁명에서 비롯되었다. 제3장에서 분석한 바와 같이, 상생신학의 주요 초점은 원한과 한으로 인해 살인으로 이어질 수 있는 상극의 문화를 극복하는 것이다. 상생신학은 갈등을 해결하고, 깨어진 관계를 치유하고, 죽음을 부르는 원한을 없앨 수 있는 가능성을 긍정한다. 해원을 통해서만 용서와 화해가 현실이 될 수 있다. 해원상생을 통해 상극, 즉 사회경제적 모순과 원과 한을 낳고 부추겨온 정신적, 이념적 갈등을 극복하고 사랑으로 승리할 수 있다. 우리 한반도의 분단된 현실은 그동안 화해와 평화를 위한 노력에 많은 시도가 있었지만 아직 달성하지 못한 과제가 있다. 의심과 편견, 증오가 아직 우리들의 마음에서 사라지지 않고 있다. 의심과 편견, 미움은 해원의 핵심사항들이다. 하나님 나라 윤리는 이념이 아니라 해원에서 상생으로 나아가는 삶의 방식에 관한 것이다.

제4장에서 설명한 통일신학은 하나의 통일 한국, 하나의 민족 공동체, 하나의 한민족을 만드는 데 초점을 맞추고 있으며, 통일신학은 다양성을 존중하기 때문에 매우 역동적인 신학이다. 민족은 동질성을 의미하지 않는다. 민족은 다양성의 풍요로움, 즉 남북한의 차이를 고려할 때 존재하는 다양성을 강조한다. 통일신학은 음양의 조화처럼 차이를 포용하고 상반된 것들이 공존할 수 있도록 하는 평화의 실천에 초점을 맞추고 있다.

2. 북한의 주체사상

민중신학, 상생신학, 통일신학의 기여는 남한에서 비롯된다. 더욱 온전한 한국의 통일 윤리는 남북한 간의 진정한 대화에서 나올 것이며, 필연적으로 북한에서 유래한 요소들을 포함해야 할 것이다. 이러한 요소들이 무엇인지 결정할 수는 없지만, 주체사상은 아마도 그런 요소 중 하나일 것이다. 이 글에서 주체 사상을 한국의 통일 윤리에 포함시켜야 한다고 주장하는 것이 아니다. 이는 북한 이해에 대한 열린 마음을 갖기 위해 작은 분석을 제시하는 것일 뿐이다.392)

---

392) 주체사상은 통일신학자 노정선 선생에 의해서도 활용되었다. 본 연구에서 참고한

주체사상은 북한의 공식 국가 이념이다. 4장에서 언급했듯이 박순경은 통일신학이 주체사상을 포용해야 한다고 제안했다. 이 장에서 내가 참고한 신은희와 같은 연구자들은 통일 윤리에서 고려할 수 있는 주체사상의 종교적 차원을 연구한 바 있다.

주체사상이란 무엇인가? 어원적으로 주(主)는 "주체"를 의미하고 체(體)는 "몸" 또는 "자아"를 의미한다.393) 주체사상은 "주권적 자주", "자기 결정" 또는 자립을 의미한다. 주체사상은 1950년대 중반 북한의 초대 주석이었던 김일성이 슬로건으로 사용했다. 신옥희에 따르면 주체사상의 역사적 발전은 세 가지 주요 시기로 나눌 수 있다. 반제국주의 이념으로서의 주체사상(1950년대~1960년대), 인본주의로서의 주체사상(1970년대~1980년대), 그리고 북한의 국가 종교로서의 주체사상(1990년대~2000년대) 이다. 주체사상이 이해되고 적용되는 방식은 북한 역사를 통해 변화했지만, 주체사상은 "인간 중심의 세계관"으로 간주된다.394)

주체사상에 대한 세 가지 해석 중 신옥희는 주체사상을 한국적 인본주의의 한 형태이며 생명 중심주의로 보고, 이를 바탕으로 사회정치적 삶에 대한 이론을 제시한다.395) 사회정치적 삶은 주체사상의 핵심이며, 인간은 육체적 삶과 사회정치적 삶을 모두 가지고 있다.396)

신은희 박사는 캐나다 토론토 대학교 세인트 마이클스 칼리지에서 신학박사 학위를 받았다.

393) Shin Eun Hee, "The Sociopolitical Organism: The Religious Dimensions of *Juche* Philosophy" Ed., Robert E. Buswell Jr. *Religions of Korea in Practice* (Princeton: Princeton University Press, 2007), 517.

394) 위의 책., 518.

395) 위의 책., 519.

육체적 삶은 친부모로부터 주어지는 반면, 사회정치적 삶은 사회로부터 주어지며, 변동하는 관계망의 맥락 속에서만 발견될 수 있다. 주체사상은 "타자는 자아 개념과 자아 발달에 있어 극히 중요하다. 사실, 타자 없이는 자아를 완전히 이해할 수 없다.397) 따라서 자아는 항상 공동적 가치의 관점에서 정의되고 그 맥락 안에서만 기능한다"고 강조한다.398) 주체사상은 인민을 "세계의 주인이며 세계를 변혁하고 자신의 운명을 개척하는 데 결정적인 역할을 하는 모든 것의 중심"으로 이해한다.399) 주체사상은 자아와 타자를 사회정치적 삶의 그물망 속에 불가분의 관계로 이해한다.

주체사상은 관계성에 초점을 맞추기 때문에 인민, 당, 그리고 지도자를 긴밀한 관계로 연결한다.400) 이 삼자 관계는 하나의 대가족으로 여겨진다. 신옥희는 주체사상의 공동체주의 사회 개념이 유교적 효도에 기반하며, 여기에는 자녀가 부모의 부도덕한 행동을 단념시키는 것이 포함된다고 지적한다.401) 이는 본래 유교적 효도 개념에는 부모의 자녀에 대한 일방적인 권위를 배제하는 상호주의적 의미가 포함되어 있음을 의미한다.

주체사상은 일체성이라는 개념에 관해서는 개별성과 다수성을 모두 일대다수(one-and-many)의 관계에 내재된 것으로 받아드린다.

---

396) 위의 책., 520.
397) 이런 이해는 집단 사회에서는 분명히 작용한다.
398) 위의 책.
399) 위의 책.
400) 위의 책. 521.
401) 위의 책, 523.

일대다수 원리는 강력한 변화의 동력으로서 현실의 총체성을 나타내며, 주체사상을 통해 수많은 사물들이 공존이라는 구조화된 전체로 통합된다. 사회정치적 삶은 그 자체의 창의성을 통해 다수를 통합하며, 이는 인민, 당, 그리고 지도자의 존재론적 통일성의 토대가 된다.402)

이 논문에서 논의된 몇 가지 아이디어와 주체를 통섭하는 방법을 생각해보면 주체의 관계성과 통일신학에서 사용하는 민족에 대한 이해 사이에는 평행선이 있는 것 같다. 주체사상에서는 민족이 사회정치적 영역에서 현실이 된다. 민족은 공동체의 투쟁의 결과이며 수많은 공통점(예, 같은 피, 같은 언어, 같은 문화)을 포함하는 사회적, 정치적 맥락 내에 있게 된다. 주체사상에서 민족은 자립을 추구하는 사회 공동체를 의미한다. 민족은 모든 민중을 포괄한다. 주체사상의 목표는 민족의 자기 결단이며, 이는 원과 한의 해결 없이는 이루어질 수 없다.

3. 한반도 통일 운동

한반도 통일 윤리는 기존 통일 운동 내에서 정교하게 다듬어지고 지속적으로 정교화되어야 한다. 내가 제안하는 요소들, 즉 정의, 한의 해결, 그리고 민족 공동체는 남한에서 통일을 위해 노력하는 사람들의 통일 이해에 반영되어야 한다. 이것이 어떻게 이루어질 수 있는지

---

402) 위의 책.

살펴보기 위해, 통일 운동의 간략한 역사를 알아본다.

1950년대 초, 남북한 정부는 "군사력을 통한 통일"을 시도했다.[403] 이 투쟁의 가장 격렬한 형태는 한국전쟁이었다. 한국전쟁 직후, 남한 정부는 모든 사람이 통일 문제에 대해 토론하는 것을 엄격히 금지했다. 통일에 관심 있는 사람들은 공산주의자로 낙인찍혔다. 통일은 북한의 공산주의 정부에 대한 승리를 통해서만 가능하다고 여겨졌다.[404]

1961년 쿠데타로 집권한 박정희 군사정권은 통일 문제를 경제 재건과 정치적 안정보다 부차적인 문제로 여겼다. 박정희 정권은 통일 운동이 민주화를 요구한다는 것을 알고 있었고, 이를 정부에 대한 위협으로 여겼다. 박정희 정권은 국민이 통일을 논의하거나 민주화 운동에 참여하는 것을 금지하는 '반공법'을 제정했다.[405] 그 결과, 1970년까지 남한은 북한과의 접촉이나 대화를 시도하거나 제안하지 않았다.

1972년 7월 4일 남북이 발표한 남북공동성명은 한반도 통일을 위한 3대 원칙을 제시했다. 강대국에 의존하지 않는 자주통일, 무력을 사용하지 않는 평화통일, 그리고 사상과 이념, 제도의 차이를 초월하여 민족대단결을 이루는 것이다.[406] 그러나 남한 정부는 국가 안보를 이유로 정부 채널을 통한 통일 논의를 금지했다.[407]

---

403) 민성일,『통일교실, 통일의 교훈』(서울: 돌베개, 1991) 163..
404) 위의 책., 171.
405) 위의 책.
406) Kang Wi Jo, *Christ and Caesar in Modern Korea* (Albany: State University of New York, 1997), 129.

박정희는 권력 기반을 공고히 하기 위해 1972년 10월 계엄령을 선포하고 헌법을 정지시키고 국회를 해산했다. 이후 박정희 정권은 국민에 대한 절대적인 권력을 장악하고 통일 운동 시도를 엄격히 통제했다. 실제로 당시 남한 국민들은 통일 운동보다는 '반독재 투쟁'에 집중했다. 그럼에도 불구하고 박정희 정권은 평화적 통일을 주장하고 남북 분단의 현실을 공식적으로 인정한 최초의 남한 정부였다.408)

1980년대, 특히 1980년 5월 광주민주화항쟁 이후 많은 한국인들, 특히 진보적 지식인들은 독재 정권의 원인과 한국 사회의 반민주주의적 노력에 대해 성찰하기 시작했다. 두 가지 요인이 분명해졌다. 미국의 지속적인 간섭과 한국의 분단이었다. 이로 인해 사람들은 남한의 이익을 위해 통일 운동을 만들어야 한다는 것을 깨달았다. 이로 인해 "민주, 통일, 민중운동연맹"을 조직하게 되었다. 이 연맹의 기본 원칙은 통일 운동이 정부 주도가 아니라 비정부 주도여야 한다는 것이었다. 이 운동은 통일을 이루는 방법이 1972년 7월 4일 남북공동성명의 원칙인 "자주통일, 평화통일, 민족대단결 추구"에서 찾을 수 있다고 믿었다.409)

1980년대 전두환 군사정권은 공식적으로는 70년대의 통일 정책을 따랐지만, 실제로는 한국의 통일을 달성하는 데 관심이 없었다. 예를 들어, 많은사람들이 연례 군사 훈련을 포함한 한미 정부 간의 긴밀한 협력이 통일에 좋지 않다고 생각했지만, 전두환 정권은 그러한 협력을 계속했다.410)

---

407) 위의 책., 130.
408) 민, 통일교실, 178.
409) 위의 책., 98, 101−104.

1980년 10월 10일, 북한은 "남북한의 정부 체제를 인정하되, 연방제에 합의하고, 모든 국제 스포츠 경기에 단일팀으로 참가하며, 군 규모를 축소하여 통일을 이룰 것"을 제안한 "조선민주연합공화국"을 제안했다.411) 이 구상은 현실적인 접근이었고 남한 기독교계와 해외에서 상당한 관심을 받았지만, 전두환 정권은 이를 심각하게 받아들이지 않았다.

1980년대 중반부터 국제적인 화해 분위기가 조성되면서, 남한 정부는 점차 주민들이 통일에 대해 이야기하는 것뿐만 아니라 정치적 목적이 없는 한 북한을 방문하는 것까지 허용하기 시작했다. 1988년 7월 7일, 노태우 대통령은 통일문제에 대한 자유롭고 공개적인 논의를 허용하는 것을 포함한 6대 통일 정책을 발표했다.412)

1990년대 김영삼 대통령이 취임하면서 3단계 통일 정책을 선언했다.413) 첫 번째 단계는 화해와 협력이었고, 두 번째 단계는 남북 연합으로 이어졌으며, 세 번째 단계는 한 민족, 한 국가를 의미했다.414) 취임식에서 그가 말한 것과 달리 통일 접근 방식은 매우 보수적이었다. 예를 들어, 1993년 3월 7일 한미 합동 군사 훈련인 팀 스피릿이 시작되었다.415) 그러나 1998년, 김대중 대통령은 북한과 화해를 위

410) Kang Wi Jo, 130
411) 위의 책.
412) 위의 책, 136.
413) 한국기독교학회, 민족 통일과 한국기독교 편집, [한국교회와 통일] (서울: 인터바시티 출판사, 1994), 178.
414) Kang Wi Jo, 146-47.
415) 위의 책., 144. 1992년 노태우 대통령 시절 이 연례 훈련은 북한과의 평화로운 관계를 바라는 표시로 중단되었다.

한 햇볕 정책을 시도하기로 결심했다. 햇볕 정책은 북한에 대한 침략 금지, 북한의 군사 침략 가능성에 대한 강력한 방어, 정치, 경제, 문화적 사상 교류와 장려라는 세 가지 정책을 제시했다.416)

2000년 6월 13일부터 15일까지 김대중 대통령은 평양을 방문하여 김정일 국방위원장과 역사적인 "남북정상회담"을 가졌다. 양국 정부의 최고위급 지도자들이 만난 것은 55년 만의 일이었다. 이 회담을 마치고 다음과 같은 내용을 담은 남북공동선언을 발표했다.

1. 남과 북은 조국통일 문제를 그 책임 있는 우리 민족끼리 힘을 합쳐 자주적으로 해결해 나가기로 하였다.
2. 남과 북은 북측이 제시한 낮은 단계의 연방제안과 남측이 조국통일을 위해 제시한 연방제안이 서로 공통점을 가지고 있다고 인정하고 앞으로 이 방향으로 조국통일을 실현해 나가기로 하였다.
3. 남과 북은 흩어진 가족 및 친척 방문단 교환, 비전향 장기수 문제 등 인도적 문제를 8월 15일을 계기로 조속히 해결하기로 하였다.
4. 남과 북은 경제협력을 통해 민족경제의 균형적 발전을 도모하고, 사회·문화·체육·보건·환경 등 모든 분야에서의 협력과 교류를 활성화하여 상호 신뢰를 구축해 나가기로 하였다.
5. 남과 북은 상기 합의사항들을 가까운 시일 내에 이행하기 위한 당국 간 대화를 조속히 개최하기로 하였다.417)

---

416) http://www.unikorea.go.kr/data/src/whitepaper/wp2000appl.pdf; 4-5 참조.
417) http://www1.korea-np.co.jp/pk/142th_issue/2000061501.htm.

　　남북 정상회담은 한국인이 대화를 통해 현안을 해결할 수 있는 능력을 입증했다.

　　노무현 대통령(2003~2008) 정권은 기본적으로 햇볕정책을 지속하기로 약속했다. 두 번째 남북정상회담은 노무현 대통령 재임 기간인 2007년 10월 2~3일에 개최되었다. 노 대통령은 북한의 수도 평양에서 김정일 국방위원장을 만났다. 회담 마지막에 서명한 합의서는 이전에 합의되었던 사항들을 상당 부분 반복하고 있다.418) 주목할 점은 "이념과 체제의 차이를 초월하여 남북 관계를 상호 존중과 신뢰의 관계로 확고히 전환"하고, "역사, 언어, 교육, 과학기술, 문화예술, 체육 등 사회 분야에서 교류와 협력을 확대하여 우리 민족의 오랜 역사와 훌륭한 문화를 부각"하며, "인도주의 협력 사업을 적극 추진"한다는 것이다. 이 마지막 합의는 문서에 "이산가족 상봉 확대 및 영상 메시지 교환 활성화"로 명시되어 있다.419)

　　이번 정상회담에서 두 정상은 남북이 실제로 협력하여 추진할 경제 사업에 대한 구체적인 내용을 추가했다. 비무장지대 인근 북한 해주와 그 인근 지역에 "평화협력특별지대"를 조성하고, 개성에 산업단지를 건설하며, "문산(남한)과 본동(북한)을 연결하는 화물열차 공동운항"을 추진하기로 합의했다.420)

　　다시 한번, 북한에 대한 통일 정책과 방향을 되돌아보면 이명박 정

---

418) 전체 계약 내용은 부록 A를 참조.
419) 부록 A; 186 참조.
420) 위의 책. 185.

부는 실용적이고 성과 지향적인 접근 방식을 통해 남북 상호 이익과 공동 번영을 위한 남북 관계 발전을 목표로 했다. 이 대통령의 제안에는 한반도 비핵화, 남북 군사적 신뢰 구축, 한반도 긴장 완화를 위한 "평화 공동체" 구축, 북한의 경제 발전 및 국제 사회 참여를 지원하고 남북 모두에게 이익이 되는 경제협력을 추진하는 "공동 번영 공동체" 구축, 그리고 남북 간 인도주의적 문제를 해결하고 모든 민족의 삶의 질을 향상시켜 7천만 남북한 주민의 행복을 증진하는 "행복 공동체" 구축이 포함된다.421) 그러나 이명박 정부는 천안함 폭침 사건을 계기로 급기야 남북 관계를 단절하는 5·24 조치를 내렸다. 그로 인해 민간 차원의 대북 교류는 급감했다. 이명박 정부의 통일 정책은 '비핵 개방 3000'(북한이 핵을 버리고 개방하면 1인당 국민소득 3000달러를 만들어 줌)는 정책을 폈다. 이어 박근혜 정부는 "한반도 신뢰 프로세스"라는 통일 정책을 폈지만 표면적인 슬로건에 그치고 말았다.422) 한편, 문재인 정부는 "한반도 평화 프로세스" 라는 통일 정책을 펴면서 평화를 우선하는 통일 정책을 가져갔다. 이후 윤석열 정부는 "담대한 구상"이라고 하면서 이명박 정부 때와 같은 비핵화를 북한이 하면 많은 경제적 지원을 해주겠다고 했지만 오히려 남북한의 관계는 엄청난 냉각기를 맞이한다. 이재명 정부는 "평화공존 정책"을 말하면서 1991 년 남북 기본 합의서에 있는 내용을 기반으로 북한의 체제를 인정하고 존중하면서 남북 대화를 하려고 노력하고 있다.

---

421) http://www.unikorea.go.kr/eng/default.jsp?pgname=POLvision.
422) 서울신학대학교 평화통일연구원 공저 통일시대로 가는 평화의 길 (열린 서원, 2015) 128.

한반도 분단으로 인해 막대한 군사비가 지출되어 정부는 국민의 복지 증진에 적극적인 태도를 보이고 있지않다. 2026년 남한의 국방비는 66조원으로 추정된다.423) 만약 한국이 군사비를 조금이라도 삭감한다면, 노인과 장애인을 위한 복지 혜택은 물론 모든 학생을 위한 고등교육까지 무료로 제공할 수 있을 것이다.424)

4. 기독교 교회와 한국 통일425)

1950년대 남한 기독교는 한국전쟁 중 약 200명의 교회 지도자들이 북한 공산 정권에 의해 처형되는 쓰라린 경험을 겪었다. 이 경험은 남한 기독교인들의 반공주의적 태도에 큰 영향을 미쳤다.426)

1961년 박정희 장군을 집권시킨 군사 쿠데타 이후, 정부의 정책은 선(先)건설, 후(後)통일이었다. 이 정권 하에서 대부분의 한국 교회는 반공 노선을 따르는 것이 최선이라는 전제 하에 통일에 집중하지 않았다.427) 당시 교회는 통일보다는 교회 성장에 집중했다.

1970년대 한국 교회는 대부분 보수적이었고 사회 문제에는 거의

---

423) 논문 쓸 당시에는 업던 내용을 약간 추가함 다음 웹을 참고함.
　　https://www.khan.co.kr/article/202509031600001http://www.spark946.org/bugsboard/index.php?BBS=s_news3&action=viewForm&uid=959&page=5;
424) http://www.parisforum21.org/book/05_2_1_policyforum.hwp; 4번 참조.
425) 부록에 보다 더 현재의 기독교 교회 통일 운동을 첨가함.
426) 한국기독교학회 편, 민족통일과 한국기독교, [한국교회와 통일], 125.
427) 위의 책.

관심을 두지 않았다. 그들은 오로지 개인적인 영적인 문제에만 관심을 가졌다. 반공 노선을 고수했던 그들의 입장은 통일에 반대하는 결과를 초래했다. 반면, 진보적인 교회들은 한국의 사회 문제에 깊이 관여했다. 그들의 주된 관심사는 인권과 남한의 민주화였다. 진보적인 교회들은 또한 남북한의 화해와 공존을 추구하며 통일 운동에도 참여했다.[428]

남북한 기독교회는 1984년 10월 29일부터 11월 2일까지 일본 도잔소에서 회동하기로 합의했지만, 북한 대표단은 참석하지 않았다. 그럼에도 불구하고, 참석자들은 "한반도 통일을 포함한 평화, 화해, 그리고 통일을 이루려는 한국의 노력을 지지하고, 기독교인 및 북한 정부와 건설적인 관계를 구축하기로" 결정했다.[429] 1984년 도잔소 대회에서 남북한 교회 간의 역사적인 만남은 이루어지지 않았지만, 한국기독교교회협의회(KNCC)와 북한조선그리스도교련맹(KCF) 사이에는 몇 가지 중요한 접촉이 이루어졌다.

1) 제1차 글리온 대회(1986년 9월 2일~5일)

1986년, 세계교회협의회(WCC) 국제협의회의 노력으로 남북한 기독교 지도자들이 분단 이후 처음으로 스위스 글리온에서 만났다. 북한 대표 4명과 남한 대표 6명이 이 대회에 참석했다. 그들은 "평화에

---

428) 위의 책., 126.
429) Kang Wi Jo, 132.

대한 기독교적 관심의 성경적 및 신학적 기준"이라는 주제로 세미나를 열었다. 그들은 양국 내부의 장벽을 허물고 한반도 통일을 위한 정의롭고 평화로운 미래를 만들어 나가야 한다는 생각을 공유했다. 그들은 주님의 만찬을 받아들이고 나눴다. 이 대회의 결과로, 1987년 미국기독교교회협의회(NCC)는 북한을 방문하기 위해 대표단을 파견했다.430)

2) 제2차 글리온 대회(1988년 11월 23일~25일)

이 회의에서 북한 대표 7명과 한국천주교중앙협의회(KNCC) 대표 11명은 민족 화해를 위한 노력에 대한 의지를 재확인하고, 1972년 양국 정부가 채택한 통일 3대 원칙에 합의했다. 대표들은 글리온의 "평화와 한반도 통일에 관한 선언"을 채택하고, 매년 8월 15일 전 주일을 "평화 통일을 위한 공동 기도의 날"로 기념하기로 결정했다. 또한 1995년을 평화와 통일을 위한 희년으로 기념하기로 합의했고, 실제로 그렇게 되었다.431)

1988년 2월 29일, 한국기독교교회협의회(KNCC)는 최초로 "조국 통일과 평화에 관한 한국기독교교회 선언"을 공식 발표했다. 이 선언에서 한국 기독교인들은 증오와 분열의 죄를 고백했다. KNCC는 민족

---

430) 대한전국교회협의회(KNCC) 편., 『남북교회의 만남과 평화통일신학』, (서울: 한국기독교사회문제연구소, 1990), 34-37. 채수일 편, 『희년신학과 통일희년운동』, (서울: 한국신학연구원, 1995), 518-532.
431) 위의 책., 137. 참조, KNCC, 위의 책., 28-30.

통일을 위한 5대 기본 원칙을 제시했다. 자주, 평화, 민족대단결, 인도주의, 그리고 민중의 원칙이다. 특히 마지막 두 원칙은 강조할 만하다. 그리고 네 번째 원칙은 통일을 정의의 문제와 연결했다.

네 번째 원칙을 보다 자세히 보면, 통일은 단순히 국민과 국가의 공동선과 이익을 가져오는 것이 아니라, 인간의 자유와 존엄성을 최대한 보장해야 한다. 국가와 국민은 모두 인간의 자유와 복지를 보장하기 위해 존재하며, 이념과 제도 또한 국민을 위해 존재하기 때문에, 인도주의적 관심과 조치가 항상 최우선적으로 고려되어야 하며, 이는 어떤 이유로도 보류되어서는 안 된다.[432]

다섯 번째 원칙은 민중(국민)에 대한 관심을 표명했다.

통일안을 구성하는 모든 단계에서 사회 구성원 모두의 완전한 민주적 참여가 보장되어야 한다. 가장 중요한 것은, 인구의 다수를 구성함에도 불구하고 사회의 의사 결정 과정에서 지속적으로 소외되고 배제되어 온 민중(일반 국민)의 참여가 보장되어야 한다는 것이다.[433]

이 KNCC선언은 한국 교회가 책임 있는 평화와 통일이라는 사명을 완수하기 위해 지역적 자기중심성과 교회 권력에 대한 집착을 극복할 것을 촉구했다.[434] 안타깝게도 대부분의 보수 교회 지도자들은 KNCC를 친공산주의 단체라고 비판했다. 그럼에도 불구하고 1988년 KNCC 선언은 남한 통일 운동사에서 가장 중요한 문서 중 하나이다.[435]

---

432) Noh Jong-Sun, *The Third War-Christian Social Ethics.*(Seoul: Yonsei University Press, 2000), 220.
433) 위의 책.
434) 위의 책., 227
435) 노정선, 통일신학을 향하여, 41.

3) 제3차 글리온 대회 (1990년 12월 1일~4일)

남북한 교회는 1990년 글리온에서 다시 만났다. 이 회의에서 다음 8가지 사항에 합의했다.

a. 8월 15일 이전 주일을 "평화통일 공동기도일"로 계속 기념한다.

b. 평화통일 교육을 장려한다.

c. 남북 교회 간 연대를 구축할 공동 프로그램을 개발한다.

d. 양측 모두 불가침 선언, 군축, 대규모 군사훈련 중단을 촉구한다.

e. 통일 운동에 연루된 수감자들의 석방을 촉구한다.

f. 남북한 주민 간 접촉을 방해하는 법과 제도를 개선하고 평양과 서울에서 만남을 갖도록 노력한다.

g. 이산가족 방문을 장려한다.

h. 남북 교회 간 공동 프로그램을 추진하고 조직할 기관을 설립한다.[436]

이번 글리온 컨퍼런스 참석자들은 향후 회의를 한국에서 개최하기로 결정했다.

---

436) 채수일 편 회년 신학과 통일 회년 운동, [희년신학과 통일희년운동] (서울: 한국신학연구원, 1995), 471-472.

4). 제4차 글리온 대회(1995년 3월 28일~31일)

이 대회는 제4차 글리온 대회라고 불리지만, 실제로는 일본 교토에서 개최되었다. 이 회의는 "제4차 한반도 평화와 통일을 위한 기독교 국제위원회"라는 제목으로 개최되었다. 이 회의에서는 희년에 초점을 맞추었다. 남북 교회는 1995년 8월 15일 판문점(비무장지대)에서 남북 교회가 함께 참여하는 희년 예배를 드리는 것을 승인했다.437)

5). 21세기의 만남

2004년 10월 17일부터 21일까지, 아시아, 유럽, 북미 9개국에서 온 55명의 교회 지도자와 컨설턴트들이 세계교회협의회(WCC)와 아시아기독교협의회(CCA)의 후원으로 일본 도잔소 YMCA 컨퍼런스 센터에서 만났다. 이 모임은 조선민주주의인민공화국(북한)과 대한민국(남한) 기독교인들 간의 소통의 길을 연 역사적인 에큐메니칼 협의 20주년을 기념하기 위한 것이었다.438)

2005년 5월 23일과 24일, 남북한 교회는 금강산에서 기도회를 가졌다. 당시 조선기독교총연합회(KNCC) 회장이었던 강영섭 목사는 신경하 총재를 만나 한반도 평화를 위한 공동선언을 발표했다.439)

"1907년 한국 대부흥 100주년"을 맞아 2007년 8월 9일부터 11일

---

437) http://www.kncc.or.kr/Data/BoardList.asp?bbsKind=pds_docu&mode=list&pg=36&sch=&keyword=; 참조: 1980년 년－2000년 년 한국교회 통일운동자료집 문서자료실 16번 [1980년에서 2000년 사이의 한국 교회 재통일 운동의 자료, # 16];
438) http://www.wcc－coe.org/wcc/what/international/tozanso2004.html;
439) http://www.christiantoday.co.kr/view.htm?id=163038;

까지, 남한 평화통일위원회는 북한의 수도인 평양에서 "한반도 평화 통일을 위한 교회의 역할"을 주제로 국제협의회를 개최했다. 이 협의 회에는 한국기독교교회협의회(NCCK)와 한국기독교총연합회(KCC) 소속 교회들이 모두 참여했다.440)

5. 한국 통일 윤리를 향하여

2007년 국제회의에서 기조연설자로 나선 이재정 전 통일부 장관은 당시 한국 정부 통일부 장관이었다. 이 장관은 토론토 신학교(트리니 티 칼리지)에서 신학박사 학위를 받은 신학자이다.441) 그는 정부 관 계자로서 연설했지만, 그의 연설에는 신학적 함의가 담겨 있었다. "한 반도 평화 구축과 통일에 있어서 교회의 역할"이라는 제목의 연설에 서 그는 한국교회가 36년간의 가혹한 일제 강점기에도 해방에 대한 희망을 버리지 않았다고 강조했다.442) 그는 이제 한국 교회의 사명은 "한반도와 동북아시아의 평화 정착과 민족 공동체 형성"이라고 말한 다. 이어서 그는 "21세기의 가치는 평화이며, 그 목표는 통일입니다." 라고 말했다.443) 그는 한반도에 평화를 가져오기 위해서는 상호 존중 과 신뢰를 바탕으로 한 공존이 핵심이라고 강조했다. 이재정 위원장

---

440) http://www.kncc.or.kr/Data/BoardList.asp; 1907년 부흥의 중요성에 대해서는
     이영훈의 글을 참조: http://dpark.files.wordpress.com/2006/08/01-1-yhlee.pdf;
441) Koreanunification.net/2007/09/03/personalities-in-korean-unification-lee-jae-jeong;
442) 그의 연설 전문은 부록 B를 참조.
443) 부록 B, 195.

은 공존과 화해, 협력을 증진하기 위해서는 남북관계가 근본적이라고 강조했다. 남북관계의 진전 없이는 평화는 결코 이루어질 수 없다. 이 위원장은 하나된 의지가 있는 곳에 길이 있다고 강조했다.444)

이 국제회의 말미에 "한반도 평화와 통일을 위한 우리의 헌신"이라는 제목의 성명서가 발표되었다.445) 이 성명서는 과거 문서들과 마찬가지로 한국 교회가 평화와 통일을 위해 노력할 것을 촉구한다. 1988년에 발표된 선언문을 인용하며, 평화와 통일을 위한 이 사업은 하나님의 명령이며, 따라서 교회는 이를 수행할 의무가 있다고 분명히 밝혔다.446)

이 성명서는 "한반도의 화해와 평화 추구에 많은 진전이 있었다"는 점을 지적한 후, 이 문서는 아직 성취되지 않은 과제로 눈을 돌린다. "의심, 편견, 그리고 증오가 아직 국민의 마음에서 사라지지 않았다"고 언급한다. 나는 상생 신학에서 비롯된 이해가 이 분야에 기여할 수 있다고 제안한다. 의심, 편견, 그리고 증오는 한국인들이 극복해야 할 원한, 즉 해원의 핵심이다. 해원—상생의 원리는 의심, 편견, 그리고 증오라는 이러한 부정적인 감정과 그 해결 사이에는 음양의 긴장과 같은 부정과 긍정의 모습이 존재한다는 것을 인식한다. 한국의 통일 윤리는 이념이 아니라 해원에서 상생으로 나아가는 삶의 방식에 관한 것이다. 한국의 원과 한에 대한 해결책이 필요하다고 지적한다고 해서 이러한 것들이 사라질 때까지 앞으로 나아갈 수 없다는 것을 의미

---

444) 위의 책., 201.
445) 부록 C를 참조.
446) 위의 책., 204

하는 것은 아니다. 오히려 이는 한국인들 사이에, 특히 지난 70년 동안 쌓여온 한의 분노와 매일 싸우는 방법을 찾아야 한다는 것을 의미한다.

이 성명서는 평화 구축을 촉구하며, "인내심, 신뢰 구축, 새로운 아이디어, 그리고 새로운 접근 방식이 필요하다. 평화 구축에는 신앙 공동체 전체의 공유된 지혜가 필요합니다."라고 지적한다.447) 통일신학과 상생신학에서 발견되는 이해 또한 이 부분에 도움이 될 수 있다. 평화 구축은 민족이 하나 되는 것일 뿐만 아니라 상생(삶을 나누는 것)이 되는 것이다. 공동체의 공유된 지혜를 활용하라는 요청은 상생신학의 일부인 화해의 관점을 통해 더욱 풍부해질 수 있다. 상생신학과 통일신학에서 도출되는 이해는 한국 기독교인들이 "분열과 깨어짐의 상황 속에서 화해하고 치유하는 공동체로서의 의미에 대한 교회 인식을 넓히는 데" 도움이 될 수 있다.448)

이 성명서는 한반도에 거주하는 모든 한국인의 복지에 기여 할 포괄적인 경제 개발 계획을 요구한다. 복음 메시지에 기반한 정의를 강조하는 민중신학은 이러한 요구와 상통한다. 모든 한국인이 정부 문제에 참여해야 한다는 민중신학의 관심은, 한반도 통일이 지역적 문제이며 한국인들이 스스로 해결해야 할 문제라고, 그리고 한반도 통일이 "세계적인 함의"를 지닌다는 것을 인정하는 문장에서 드러난다.

---

447) 위의 책., 205.
448) 위의 책, 206.

민중신학, 상생신학, 그리고 통일신학은 한국 교회가 통일 운동에 온전히 참여할 수 있는 신학적·윤리적 토대를 풍부하게 할 수 있다. 한국 교회는 "평화와 통일이라는 공동의 대의에 다른 신앙을 가진 사람들과 시민사회단체들을 결속시켜야" 한다.449) 이 세 가지 신학은 한국 교회가 21세기 한국에서 복음을 읽고, 조국 통일을 위해 열렬히 노력할 수 있도록 매우 구체적인 해석학을 제공한다.

글을 마침에 앞서 한국 국민의 대중적인 공동 기도인 어려서부터 배운 노래로 마무리한다.

우리의 소원은 통일 꿈에도 소원은 통일
이정성 다해서 통일 통일을 이루자
이겨레 살리는 통일 이나라 살리는 통일
통일이여 어서 오라 통일이여 오라

---

449) 위의 책.

기독교통일운동[450]

1. 간략한 흐름

한국 기독교 통일운동은 역사적으로 두 갈래로 나뉘어 전개되었다. 복음전도에 집중하는 진영, 즉 보수적 입장과 사회 참여하는 진영, 즉 진보적 입장이다. 두 진영 사이에 있는 상호 관계성의 역사로 볼 수 있다. 한국교회는 분단 이후부터 줄곧 양 진영 간 대립 관계 속에서 통일운동을 전개한 셈이 된다.

1950년대 한국의 기독교인들은 비참한 경험을 가지고 있다. 한국전쟁동안 대략 200명의 교회의 지도자들이 북한 공산정부로부터 처형을 받았다. 이러한 경험은 남한에 그리고 남한 교회에 반공 사상

─────────────────────────

450) 본 글은 박삼경, "기독교 통일 운동" 유경동 외 기독교 윤리학 사전 (킹덤 북스, 2021) 228−235 에 있는 글을 약간 보완한 글이다.

(anti- communism)을 세우는 데 큰 기여를 하였다. 1961년 군사 쿠데타를 일으켜 정권을 잡은 박정희의 정책은 경제 건설이 첫 번째요 통일은 두 번째였다. 박정희 정권은 반공법을 만들어 통일에 관한 것을 일반 시민들이 토론하지 못하게 했고 정부의 관할에 두었다. 박정희 정권 아래에서 대부분 남한 교회들은 반공정책에 따라 통일에 관한 관심을 갖지 않았다. 정부의 경제 성장 정책에 부응하여 남한 교회들은 교회성장에 대한 관심을 우선했다.

1970년대에 대부분 남한 교회들은 보수적이었다. 개인구원에만 관심을 갖고 오히려 통일에 대해서는 정부의 반공정책에 편승해 갔다. 그 반면에 진보적인 교회들의 주요관심은 남한의 민주화와 인권에 있었다. 또한 남북한 관계에서 공존과 화해를 추구하는 통일운동에도 관여하였다. 1980년 5월 18일 광주에서 그 당시 전두환 신군부에 의한 비상계엄선포에 대항하기 위하여 학생들과 시민들이 데모를 하였다. 이 데모 진압을 하는 동안 특수 훈련을 받은 공수 부대원들에 의해 많은 학생과 시민들이 죽음을 맞이했다. 이 광주학살은 광주민주화 항쟁운동에 참여했던 학생들과 지식인들에게 이 후에 통일운동에 능동적으로 참여할 수 있는 동기를 만들어 주었다. 광주민주화 항쟁운동이후 남한의 신군부는 학생들과 시민들을 달래기 위해 사회적 이슈에 관해 토론을 할 수 있는 다소의 자유를 허락한 것이다. 이런 신군부의 정책은 진정한 평화에 대한 추구는 아니었지만 다수의 진보적인 사람들에게 전에는 한국사회에서 통일 운동을 하는 것이 불법이었던 것을 풀어주는 진일보 하는 기회를 마련해 준 계기가 된 것이었다.

　　1980년대 이전 한국교회의 사회 참여는 대체적으로 진보 진영인 에큐메니칼 교회들에 의해 보다 주도적으로 이루어졌다고 할 수 있다. 소위 WCC(World Council of Churches, 세계교회협의회)를 중심으로 한 에큐메니칼 진영은 '하나님의 선교(Missio dei)' 개념을 발전시켜 교회의 사회참여를 적극적으로 옹호하며 추진하는 기독교계의 한 세력을 말한다. WCC의 사상적 맥을 한국교회에 계승해온 기독교 단체는 한국기독교교회협의회(NCCK) 이다. NCCK를 중심으로 한 에큐메니칼 진영은 1970년대 들어와 전개된 민족통일에 관련된 구체적인 정치적 사건들이 있기 전부터 사회참여 문제를 관여하며 한국 평화통일에 대한 관심을 깊이 표명하였다.(정성한, 『한국 기독교 통일운동사』, 서울: 그리심, 2003, 233.)

　　1980년대 들어와서 한국교회는 정치적으로 매우 힘든 여건 속에서 교회 내 차원의 통일운동을 보다 활기차게 전개해 나갔다. 이 시기 역시 WCC나 NCCK 등 진보측 교계가 여전히 통일운동을 주도하였다. 특히 군사정권하에서 남북한의 만남이 극도로 제한되던 시기에 재외 기독교인들은 1980년 '조국통일해외기독자회'(기통회)를 조직해 북한의 조선그리스도교련맹(조그런)과 연락을 독자적으로 시도했다. 그 이후 기통회는 서독교회의 적극적인 지원 하에 1981년 11월 비엔나, 1982년 12월 헬싱키에서 '조국통일을 위한 북한과 해외동포 기독자 간의 대화'를 가지기도 했다. 반면에 NCCK는 서독교회협의회(EKD)와 함께 WCC의 협조 아래 1981년 6월 서울아카데미하우스에서 '분단국에서의 그리스도 고백'을 주제로 제4차 한독교회협의회를 개최하기도 했다. (손달익, "한국기독교 통일운동의 전개과정", 「기독교사상」 679집, 서울: 대한기독교서회, 2015, 39.)

한반도 통일운동에 있어서는 세계교회의 역할을 빼놓을 수 없다. 1950년 한국전쟁이 발발했을 때 세계교회협의회(WCC)는 북한을 침략자라고 규정하고 한국전쟁에 대한 성명을 냈다. 이런 일로 인해 당시 세계교회협의회 창설멤버인 중국교회는 세계교회협의회에서 탈퇴하였다. 중국교회는 1991년에야 비로서 세계교회협의회에 복귀하였다.(박성원, "평화와 화해의 문들아 너의 머리를 들지어다 — 한반도 평화와 화해를 위한 세계교회의 노력"『선교와 신학』15. 서울: 장로회신학대학교 세계선교연구원, 2005, 76.)

세계교회협의회는 남북한 교회의 접촉과 연결을 위해 1984년 일본 동경 근교 도잔소(Tozanso)에서 에큐메니칼 국제협의회를 개최한다. (정성한『한국 기독교 통일 운동사』서울: 도서출판 그리심, 2006) 1984년 10월 29일부터 11월 2일까지 도잔소 YMCA 수양관에서 "동북아 평화와 정의 — 갈등의 평화적 해결을 위한 안내"란 주제로 모였다. 그러나 북한 조선그리스도교연맹 대표단이 참석하지 않아 온전한 남북한 교회 만남이 이루어지지 못했다. 그럼에도 불구하고 거기에 모인 사람들이 통일과 함께 평화, 화해 그리고 일치를 위한 지원과 북한 교회와 정부와의 건설적 관계를 세워가는 데 노력하자는 결단을 하였다.

1984년 남북한 교회의 만남은 이루어지지 않았지만 그 이후로 1986년 9월 2일부터 5일까지 스위스 글리온(Glion)에서 남북한 교회의 첫 역사적인 만남이 이루어졌다. 이 만남을 제1차 글리온 회의라고 부른다. 북쪽 교회에서는 대표 4사람과 남쪽 교회에서는 6명의 대표가 참석했다. "평화를 위한 성서적 그리고 신학적 근거에 관한 기독교인의 관심"이라는 주제로 세미나를 가졌고 성만찬의 나눔과 함께 예배를 드렸다. 그 때의 예배의 감동을 박성원은 다음과 같이 전한다. "그리스도 안에 둘이 하나 됨의 의미가 무엇인지 신학적으로 설명할 수는 없으나 영적으로는 분명히 느낄 수 있는 순간"이었다. 성만찬의 나눔은 화해와 평화가 예수 그리스도의 살과 피를 통해 하나님의 선물로 주어지는 것을 경험하는 순간이었다. 이런 제1차 글리온 회의는 남북 민간교류의 첫 만남으로서의 의미가 있다.(손달익. "한국기독교 통일운동의 전개과정"『기독교사상』7 서울: 대한기독교서회 (2015) 38-49.)

남북한 교회의 지도자들의 두 번째 모임은 스위스 글리온에서 개최되었다.(1988. 11.23-25) 북쪽에서는 7명의 교회 대표와 남쪽에서는 11명의 교회 대표가 참석하였다. 이 모임에서는 '한반도의 평화와 통일을 위한 글리온 선언'을 합의하고 남북 간의 현안들에 관한 8대 원칙을 표명한다. 8대 원칙을 간략하게 살펴보면 다음과 같다. 1) 1995년을 평화통일희년으로 선포하고, 8.15직전 주일을 공동기도일로 정해 세계의 모든 회원 교회들이 이 날을 지키기로 한다. 2) 7.4 남북 공동성명의 3대원칙을 재확인하며, 한 민족의 통일은 현재의 양체제의 존속이 보장되는 평화공존의 원칙에서 통일국가를 세우는 것으로 한다. 3) 통일의 주체는 남북의 민중 당사자이며, 외세가 배제된 남북한 민족 구성원 전체의 민주적 참여 원칙으로 한다. 4) 분단 고착화의 정책을 배제한다. 5) 상호 신뢰 회복을 위한 남북한 교회의 노력 및 세계 교회들의 에큐메니칼 원칙을 확인한다. 6) 정전 협정을 평화협정으로 바꾸고, 불가침 선언 채택 및 군축과 비핵화와 미국을 비롯한 외국군 철수한다. 7) 이산가족 재회를 포함한 교류와 군사 정치 대결 해소를 위한 동시적 접근을 한다. 8) 세계교회협의회, 조선기독교도연맹, 한국기독교교회협의회의 에큐메니칼 협력을 통한 한반도 평화 통일의 노력을 한다. 이 선언문은 세계교회협의회의 공식적인 지지를 받아, 1989년 세계교회협의회 모스크바회의에서 정책성명으로 채택되었다. 이는 남북교회의 만남이 세계교회와의 유대가 더욱 가속화되는 계기가 되었다. 제 2차 글리온 회의를 전후로 남한교회 보수 진영의 변화가 나타났다. 그것은 북한 교회의 실체에 대한 인정이었다.(김흥수, "남북한 정부의 통일정책과 한국교회 통일운동의 관계"『선교와 신학』35. 서울: 장로회신학대학교 세계선교연구원. (2015) 83-115.) 이것은 남한교회의 통일 운동에 있어서 진보와 보수 양 진영이 대북한교회 접촉 문제에 있어서 협력하도록 하는 기회가 되었다.

제3차 글리온 회의(1990. 12.2-4)가 있기 전, 1989년 3월 진보적인 통일 운동가였던 문익환목사는 전격적으로 북한을 방문(1989년 3월 25일-4월 3일)하여 김일성 주석과 회담을 갖는다. 문익환 목사의 방북이 가져다 준 충격은 남한 교회에 큰 것이었다. 1989년 4월 28일, 서울 영락교회에서 한국기독교 총연합회가 창립되었다. 이는 1988년 한국기독교교회협의회의 평화통일선언 이후 원로목사들에 의해 구상되어 오다가 문익환 목사의 방북을 계기로 조직이 가시화된 것이었다. 통일운동에 있어 한국기독교교회협의회(KNCC)와 한국기독교총연합회(CCK)는 서로 상반된 모습을 보인다. 2012년에 한국기독교총연합회에서 탈퇴한 교회들이 한국교회연합(CCIK)을 설립한다.

제3차 글리온 회의는 남북 기독인들의 만남 중에서 가장 진전된 회의로 평가를 받는다. 이 회의에서 남북교회 서울과 평양 상호방문, 남북 당국 간 상호 불가침선언 채택 촉구, 한반도 평화와 통일 희년(1995년)을 준비하기 위한 5년간의 공동 작업계획 등에 남북 기독교 대표들이 합의했다. 주요한 5개년 공동사업들은 다음과 같다. 남북교회 내에서의 평화 통일 교육 실시, 남북 간의 상호불가침 선언과 군비 축소 및 군사훈련 즉각 중지, 세계 기독교 개혁 공동체들과 민족 통일 관련 사업 공동 추진 등이었다. 이 회의에서 미래의 남북 교회 회의는 한반도에서 개최하기로 하였다. 그러나 북한 당국의 경색된 태도로 이 계획은 추진되지 못하고 1995년 희년을 맞아 세계교회협의회가 주최하여 일본 교토(Kyoto)에서 제4차 회의(제4차 글리온회의 라고 칭함)를 가졌다. 이 제4차 글리온 회의(1995년 3월 28일-31일)에서 남북한 교회가 해방 50주년이 되는 1995년 8월 15일 판문점에서 공동희년예배를 개최하기로 합의를 하지만 남한 정부에 의해 이루어지지 못한다.

세계교회협의회는 도잔소 회의 20주년을 맞아, 2004년 10월 17일부터 21일까지 도잔소에서 "한반도-동북아의 시작점"이란 주제로 협의회를 가졌다. 이 회의에서는 북한과 미국의 관계정상화와 불가침조약체결이 휴전협정을 평화협정으로 바꿀 수 있는 중요한 발판이 된다고 확인하였다. 이어 2009년 10월 21일부터 23일까지 "도잔소 회의 25주년 기념회의"를 개최하였다. 이러한 한반도 통일을 위한 세계교회협의회의 흐름이 2013년 세계교회협의회 부산총회까지 오게 된다. 2013년 세계교회협의회 부산총회는 "한반도의 평화와 통일에 관한 성명서"를 채택하였다.

WCC 국제문제위원회(CCIA)는 1984년 10월 29일부터 11월 2일까지 일본 동경 근교에 위치한 도잔소(東山莊, Tozanso)에서 "동북아시아 평화와 정의 협의회" 회의를 개최하였다. 이 회의는 한반도의 평화와 통일문제에 대한 세계교회 공동의 노력이 본격적으로 시작됨과 동시에 남북한 교회가 처음으로 접촉하는 계기를 만들었다. 그러나 북한 조선그리스도교연맹 대표단이 참석하지 않아 남북한 교회의 만남이 성사되지 못한 아쉬움을 남겼다. 그러나 이 도잔소 회의는 나중에 두 가지 측면에서 긍정적 효과를 불러 일으켰다. 하나는 WCC 세계교회 지도자들이 북한을 공식적으로 방문하게 했다. 1985년 11월 1차 방문을 시작으로 1988년 11월까지 3년 동안 무려 7차례의 방문으로 이어졌다. 이로써 작게나마 한반도에서 잠시 긴장이 완화되는 소득이 없지 않았다. 다른 하나는 남북한 교회지도자들이 나중에 한 자리에서 직접 만나게 되는 계기를 만들어 주었다.

도잔소 회의에서 남북한 교회 지도자들의 첫 만남이 무산된 이후에, WCC-CCIA의 주최로 남북한 교회는 1986년 9월 2-5일까지 스위스 글리온(Glion)에서 처음으로 역사적인 만남을 가졌다(제1차 글리온 회의). 조그런 대표 4인과 NCCK 대표 6인이 포함된 총 22명이 모인 이 회의에서 다루었던 주제는 "평화에 대한 기독교적 관심의 성서적 신학적 기반"이었고, 또한 그들은 그것을 함께 규명하는 자리를 가졌다. 비록 이 회의를 통해 가시적인 성과는 없었지만, 양측 대표단은 "분단 40년에 걸쳐 성장해 온 남북한 간의 이데올로기나 사회경제 체제상의 많은 차이를 인식하면서 자신들이 속한 나라 안에서 장벽을 무너뜨리고 한반도의 통일을 위해 새롭고 정의롭고 평화로운 미래를 창조하는 데에 있어 행해야 할 역할에 대해" 인식을 같이 하고, 통일 노력을 다 할 것을 재확인하였다. 그리고 그들은 한 장소에서 신앙 차원에서 함께 예배를 드리고 성찬을 나누었다.

강력한 반공주의로 인해 국회의원이든 민간이든 북한에 대해 유화적 태도를 보이면, 가차 없이 국가보안법 위반으로 구속하는 당시의 억압적 정치 상황 하에서 NCCK 총회는 1988년 2월 29일 만장일치로 '민족의 통일과 평화에 대한 한국기독교회 선언'(88선언)을 채택, 발표하기에 이르렀다. 그렇지만 이 88선언은 교회 내적으로 선언에 대한 반향으로 찬반양론에 휩싸이게 했고, 정부쪽에서도 위험한 이념 문제로 보게끔 하는 빌미를 제공하기도 했다. 그러나 당시 여당의 총선 패배와 88올림픽 개최로 인해 교회에 대한 정치적 탄압은 가까스로 비켜갈 수 있었다. 이 선언문 서문은 "한국교회는 그리스도인들 모두가 평화를 위하여 일하는 사도로 부름을 받았음을 믿으며 같은 피를 나눈 한겨레가 남북으로 갈라져 서로 대립하고 있는 오늘의 이 현실을 극복하여 통일과 평화를 이루는 일이 한국교회에 내리는 하나님의 명령이며 우리가 감당해야 할 선교적 사명임을 믿는다.” (손달익, “한국기독교 통일운동의 전개과정”, 43)는 점을 적시했다. 이어서 선언문에서는 한국교회가 민족분단의 역사적 과정을 침묵하고, 반공이데올로기와 신앙적 신념을 혼동하여 동포를 저주하는 무서운 죄를 범했음을 회개할 것을 천명하였고, 7·4 남북공동성명에서 밝힌 자주·평화·민족 대단결 원칙에 입각한 통일의 합리적 진행을 촉구하는 구체적 제안을 하기 까지 이르렀다. 더욱이 NCCK는 이 선언으로써 1995년을 ‘평화와 통일의 희년’으로 선포하고, 평화와 통일을 위한 교회갱신운동을 전개할 것과 동시에 국내·외의 교회, 이웃종교들과의 협력과 연대할 것을 강력하게 시사했다. 이 선언은 두 가지 측면에서 큰 의의를 제공한다. 하나는 선언이 통일문제에 대해 정부가 해 온 독점적 판단과 진행에 대한 거부만이 아니라 민간 차원의 통일논의가 가능하게 하는 결정적 계기를 만들었다. 다른 하나는 북한선교를 그동안 북한교회의 복구수준으로만 머물게 했던 대다수 한국교회에게 평화와 통일 자체를 하나의 선교의 과제로 삼게 하는 인식 전환의 계기로 만들었다.

WCC-CCIA는 재차 1988년 11월 23일부터 25일까지 제2차 글리온 회의를 개최하였다. 이때 북측 대표는 7명, 남측 대표 11명 등 전체 40명이 참석하였고, 화해와 통일을 위한 공동의 합의문을 도출하는 “한반도의 평화와 통일을 위한 글리온 선언”을 채택하는 커다란 성과를 거두었다. 이 선언에서 남북교회는 공동으로 남북 현안에 관한 8

대 원칙을 표명했다.(손달익, "한국 기독교 통일운동의 전개과정," 44.) 이후에 남북교회의 만남과 세계교회와의 유대 관계는 더욱 가속화되었다. 제3차 글리온 회의(1990.12.2-4) 개최 직전인 1989년 3월에 진보적 통일운동가 문익환 목사가 전격적으로 북한을 방문(3.25-4.3)하여 김일성 주석과 회담을 가지는 획기적 사건이 벌어졌다. 이 때문에 NCCK와 대립적 견해를 가지는 보수적 기독교단체인 한국기독교총연합회(CCK)가 1989년 4월 28일에 결성되는 사태로 번졌다. CCK의 결성은 한국기독교통일운동사에서 또 다른 국면을 초래 했다. CCK는 조그런과의 대화보다는 북한을 선교하기 위한 내지 선교 쪽으로 방향을 급선회했다. 이로 인해 CCK를 중심으로 한 기독교 보수 진영에서는 북한교회 재건에 보다 초점을 맞추고 박차를 가했다.

2. 1990년대

1990년대에 들어서면서 한국 기독교통일운동은 또 다시 새로운 양상을 띠기 시작했다. 소련과 동구사회주의권의 붕괴와 함께 독일통일이 성취되는 1990년 초반부터 한반도 평화통일을 위한 교회의 역할은 가일 층 증대되었다. 제3차 글리온 회의가 1990년 12월에 개최되었다. 이 회의는 지금까지의 회의 중에서 가장 진전된 모습을 보여주었고, 내용도 풍부하였고 보다 구체적인 성격을 띠었다. 남북 기독교 대표들은 이 회의에서 한반도 평화와 통일 희년인 1995년을 준비하기 위해 중요한 5개년 공동사업을 합의하기에 이르렀다. 여기서 도출된 9 개 사항인 공동사업은 말하자면, 1) 세계기도주일 예배순서를 공동으로 채택, 2) 남북교회 내 평화통일교육 실시하므로 통일의식 심화, 3) 남북교회 간 연대사업 전개, 4) 상호불가침선언과 군비축소 및 대규모 군사훈련 중지 촉구, 5) 투옥인사 석방운동 전개, 6) 민간접촉과 상봉에 장애되는 법률 및 제도 폐지 운동 전개와 함께 평양과 서울에서의 만남 노력 강구, 7) 이산가족 상봉과 고향방문 실현 노력, 8) 세계 에큐메니칼 공동체가 지지하는 연대사업 추진, 9) 희년 5개년 공동사업 실무기구 설치 등이다.

제4차 글리온 회의가 1995년 3월 28-31일까지 일본 교토에서 열렸다. 이 회의를 통해 남북한 교회는 해방 50주년을 맞는 1995년 8월 15일 판문점에서 공동희년예배를 갖기로 결정한 공동합의문을 발표했다. 그러나 남한정부의 불허로 인해 공동희년예배는 성사되지 못하는 아쉬움을 남겼다. WCC-CCIA는 1996년 1월 29일부터 2월 2일까지 마카오에서 '동북아시아의 평화와 연대를 위한 국제기독교협의회'를 개최하였다. 북미, 유럽, 아시아 등 12개국 50명의 대표가 참석한 가운데 NCCK와 조그련 대표들이 공동명예의장직을 수행하며 치른 회의였다. 이 회의에서는 한반도의 새로운 평화보장체제의 확립을 강력하게 촉구하였고, 최상의 합리적 통일 방안은 다름 아닌 어느 한 쪽이 흡수하거나 흡수되지 않는 공존, 공영, 공리의 원칙에 기초하여 세워질 것임을 재천명하였다(손달익, "한국기독교 통일운동의 전개과정", 45). 호주연합교회는 1998년 3월 18일 시드니에서 남북교회와 호주연합교회, WCC, 재일대한기독교회의 대표를 모이게 해 '조국의 평화통일과 나눔'을 주제로 협의회를 개최하였다. 참석자들 모두는 한반도 통일을 위한 화해와 협력, 나눔의 중요성을 재확인했고, 미국이 북한에 대해 경제제재를 풀도록 미국정부에 촉구하였다.

1990년대 한국 기독교 통일운동에 있어서 특히 주목할 것은 진보 진영의 '대화와 교류' 차원의 통일 노력만이 아니라 보수 진영의 통일 노력 또한 지속되어 왔다는 사실이다. 동구 사회주의권 붕괴와 김일성 주석의 사망으로 인해 북한 체제는 매우 불안한 상황으로 나아갔고 더욱이 가뭄과 홍수로 인해 북한의 식량난은 가중되어 심각한 상황에 봉착했다. 보수 진영의 단체나 교회들은 식량난에 처한 북한을 돕기 위한 대북지원을 하게 되었고, 대량으로 발생한 탈북자 돕기에 발 벗고 나섰다. 거기다가 북한 내지 선교 쪽에 보다 더 집중하였다.

3. 2000년대 이후

2000년대에 들어선 이후 WCC는 남북 통일운동에 대한 노력을 멈추지 않았다. WCC는 2004년 10월 17-21일까지 일본 도잔소에서 '도잔소 회의 20주년기념 국제회의'를 개최하였다. 회의 참석자들은 북한과 미국의 관계정상화와 불가침조약 체결이 정전협정을 평화협정으로 전환할 수 있는 중요한 발판이 된다는 사실을 다시금 확인했다. 그리고 한반도 평화와 통일의 촉진에 관심을 갖는 사람들의 에큐메니칼 네트워크를 구축하기 위해 WCC와 CCIA가 실무그룹을 조직, 소집할 것을 요청했다. 그 결과, 2006년 12월 8일 홍콩에서 '한반도를 위한 에큐메니칼 포럼'이 개최되었고, 2009년 10월 21-23일에는 도잔소 회의 25주년 기념회의가 열렸다. 2011년 6월 15-18일까지 중국 난징에서 홍콩 포럼 운영위원회가 개최되어 대북식량 지원사업에 대한 보고를 가졌다. 이렇게 한반도 평화통일을 위해 WCC가 지속적으로 들인 노력은 2013년 WCC 부산 총회를 개최하는 전기를 만들었다. 우리나라에서 최초로 개최된 10차 부산총회에서 "한반도의 평화와 통일에 관한 성명서"를 채택하기에 이르렀다.

2000년대에 들어와, 기독교 보수 진영도 역사적인 남북 정상회담을 계기로 민간 차원의 남북교류가 활발해짐에 따라 통일의 방향과 방법들을 제시하는 등 실제적인 통일 준비 단계로 들어갔다. 특히 각종 통일기도회와 북한 인권 관련 모임들을 개최하는 등 바쁘게 움직였다. 그러나 2010년 이명박 정부는 '천안함 폭침' 사건을 계기로 급기야 남북관계를 단절하는 5·24 조치를 내렸다. 그로 인해 민간 차원의 대북 교류는 눈에 띄게 급감했다. 이로써 기독교 보수 진영은 북한 내지 선교 쪽으로 방향을 선회했고, 북한 인권 문제에 관심을 갖으며 탈북자 사역에 집중했다. 교계 내에서 통일교육과 통일문화 확산 쪽으로 통일운동을 강화하였다. 특별히 광복 70년, 분단 70년을 맞이하게 된 2015년에 보수 진영의 교회들과 통일 단체들은 어느 때보다 더욱 통일기도회를 갖고, 통일단체들의 선교 활동에 집중하였다. 2016년

초입에 북한이 4차 핵실험(1월 6일)과 장거리 미사일 발사(2월 7일)를 연이어 강행함에 따라 남북관계는 더욱 경색되었고, 남북경협의 상징이었던 개성공단이 전격적으로 폐쇄되는 파국에 접어들었다. 남북관계 단절 및 남북교류 전면 중단은 민간 차원의 통일운동, 예컨대 보수, 진보 양 진영 모두의 기독교 통일운동에 찬물을 끼얹는 꼴이 되고 말았다.

한국교회와 세계교회는 한반도의 평화와 통일이 한민족의 문제뿐만 아니라 국제사회의 책임이라는 사실을 알게 되었다. 국제 사회가 휴전협정을 평화협정으로 전환하는 조치를 구체적으로 해 나가도록 세계교회가 국제사회에 그 책임을 촉구해야 한다. 이런 면에서 한반도의 평화와 화해를 위한 한국교회와 세계교회의 역할이 중요하다. 더 나아가 세계교회는 미국과 북한이 대화하고 협력하는 방향으로 나아가도록 양국에 촉구해야 한다. 세계교회와 한국교회는 그 어떤 원칙보다 한반도의 평화와 화해를 위한 신학적 원칙들을 고수하기 위한 평화 화해 신학을 수립해야 한다. 화해와 평화를 위한 교회의 근본적 근거는 원수도 사랑하라는 주님의 명령이다. 아울러 평화와 통일을 위한 일은 하나님의 명령이다.

한반도 평화를 만드는 것이 오늘 남북한 교회의 역할이다. 평화 통일하려는 뜻이 있는 곳에 한국교회가 가야할 길이 있다. 한반도의 통일은 남북한 교회가 함께 이루어 가야 할 하나님이 주신 공동의 숙제이다. 하나님의 뜻이 남북한 교회를 통해 이 땅에 하루 빨리 한반도 통일로 실현되어지는 그 날을 바래본다. 에스겔서 37장은 이스라엘의

분열이 하나님의 뜻에 반대되는 것임을 보여준다. 하나님은 남 유다
와 북 이스라엘이 하나 되기를 바라신다. "... 그들이 한 나라를 이루
어서 한 임금이 모두 다스리게 하리니 그들이 다시는 두 민족이 되지
아니하며 두 나라로 나누이지 아니 할지라"(에스겔 37장 22절, 개역
개정판).

2007 남북정상회담

http://210.114.108.22/pub/docu/en/AH102007MAE/AH10-2007-MAE-002.PDF

2007 남북정상회담

남북선언, 한반도 평화와 번영의 새 시대를 열다

2007년 10월 4일 평양에서 개최된 남북정상회담은 한반도 평화체제 구축을 비롯하여 향후 남북정상회담 정례화, 서해 평화협력특별지대 조성, 남북 총리급 회담 및 국방장관 회담 개최, 서울-백두산 직항편 운항을 통한 백두산 관광, 인도주의 사업 추진 등 풍성한 성과를 거두며 매우 성공적인 결과를 거두었습니다.

이번 정상회담을 통해 남과 북은 대립과 갈등의 시대에서 벗어나 한반도에서 평화와 공동번영의 새로운 시대로 접어들었으며, 54년간의 정전협정을 종식시키고 항구적인 평화체제를 구축할 수 있는 기반을 마련했습니다.

대한민국의 노무현 대통령과 북한의 김정일 국방위원장은 10월 4일 백화원 영빈관에서 남북관계 발전과 평화번영을 위한 선언에 서명했습니다.

I. 남북관계 발전과 평화번영을 위한 선언

대한민국 노무현 대통령과 조선민주주의인민공화국 김정일 국방위원장 간의 합의에 따라 노무현 대통령은 2007년 10월 2일부터 4일까지 평양을 방문했습니다.

방문 기간 동안 역사적인 만남과 논의가 있었습니다. 이 만남과 회담에서 양측은 6·15 공동선언의 정신을 재확인하고 남북관계 발전, 한반도 평화, 민족공동의 번영, 그리고 통일을 실현하기 위한 제반 문제에 대해 허심탄회하게 논의했습니다.

쌍방은 서로의 의지와 역량을 결집한다면 민족의 번영과 통일의 새 시대를 주동적으로 열어갈 수 있다는 확신을 표명하며, 6·15 공동선언에 기초하여 남북관계를 확대 발전시켜 나가기 위하여 다음과 같이 선언한다.

1. 남과 북은 6·15 선언을 고수하고 적극 실현하기 위하여 노력한다.

남과 북은 통일문제를 우리 민족끼리, 우리 스스로의 힘으로 해결해 나가기로 하였다. 남과 북은 6·15 남북공동선언 발표일을 충실히 이행해 나가려는 의지를 담아 이를 기념하는 방안을 강구하기로 하였다.

2. 남과 북은 사상과 제도의 차이를 초월하여 남북관계를 상호존중과 신뢰관계로 확고히 전환해 나가기로 하였다.

남과 북은 내부문제에 간섭하지 않으며 남북관계 문제를 화해와 협력, 통일에 부합되게 해결해 나가기로 하였다.

남과 북은 남북관계를 통일 지향적으로 발전시켜 나가기 위해 각기 입법 및 제도적 장치들을 정비해 나가기로 하였다.

남과 북은 남북관계 확대와 발전을 위한 문제들을 온 민족의 염원에 맞게 해결하기 위해 남북 의회를 비롯한 각 분야의 대화와 접촉을 적극 추진해 나가기로 하였다.

3. 남과 북은 한반도에서 군사적 적대관계를 종식시키고 긴장을 완화하며 평화를 보장하기 위해 긴밀히 협력해 나가기로 하였다.

남과 북은 서로 적대시하지 않고 군사적 긴장을 완화하며 분쟁 문제를 대화와 협상을 통해 해결하기로 하였다.

남과 북은 한반도에서의 전쟁을 반대하고 불가침의무를 철저히 준수하기로 하였다.

남과 북은 우발적 충돌을 방지하기 위해 서해에 공동어로구역을 설정하기로 하였다. 또한 남측 국방부 장관과 북측 인민무력부 장관은 공동어로구역을 평화수역으로 만들기 위한 계획과 각종 협력사업에 대한 군사적 보장을 포함한 군사적 신뢰구축 대책을 협의하기 위해 금년 11월 평양에서 회담을 개최하기로 하였다.

4. 남과 북은 현 정전체제를 종식시키고 항구적인 평화체제를 구축해야 한다는 데 인식을 같이하고, 직접 관련된 3자 또는 4자 정상들이 한반도에서 만나 종전을 선언하는 문제를 추진하기 위해 공동으로 노력해 나가기로 하였다.

한반도 핵 문제와 관련하여, 남과 북은 6자회담에서 합의된 2005년 9·19 공동성명과 2007년 2·13 합의를 순조롭게 이행하기 위해 공동으로 노력해 나가기로 하였다.

5. 남과 북은 한반도의 균형적 경제발전과 공동의 번영을 위해 공익공영과 상생의 원칙에 따라 남북경협사업을 지속적으로 활성화하고 확대·발전시켜 나가기로 하였다.

남과 북은 투자를 포함한 경제협력을 증진하고, 사회기반시설 확충과 자원개발을 적극 추진하며, 남북협력사업의 특수성에 맞게 특혜적

조건과 특혜를 부여하기로 하였다. 남과 북은 해주지역과 주변해역을 포괄하는 '서해평화협력특별지대'를 설치하고 공동어로구역 및 평화수역 설정, 경제특구 조성, 해주항 활용, 민간선박의 해주직항로 통과, 한강하구 공동이용 등을 적극 추진해 나가기로 하였다.

남과 북은 개성공업지구 1단계 건설을 조속히 완공하고 2단계 개발사업에 착수하기로 하였다. 남과 북은 문산-봉동간 철도화물수송을 시작하고, 통행·통신·통관 문제를 비롯한 제반 제도적 보장조치들을 조속히 완비해 나가기로 하였다.

남과 북은 개성-신의주 철도와 개성-평양 고속도로를 공동으로 이용하기 위한 개보수 문제를 협의해 나가기로 하였다. 남과 북은 안변과 남포에 조선협력단지를 건설하는 한편, 농업, 보건의료, 환경보호 등 여러 분야에서의 협력사업을 지속해 나가기로 하였다. 남과 북은 현행 남북경제협력추진위원회를 부총리급 남북경제협력공동위원회로 격상하여 운영하기로 하였다.

6. 남과 북은 우리 민족의 유구한 역사와 우수한 문화를 빛내기 위해 역사, 언어, 교육, 과학기술, 문화예술, 체육 등 사회복지 분야의 교류와 협력을 강화해 나가기로 하였다.

남과 북은 백두산 관광을 실시하고, 이를 위해 서울-백두산 직항로를 개설하기로 하였다.

남과 북은 2008년 베이징 올림픽경기대회에 남북 공동응원단을 파견하기로 하였다. 남북응원단은 경의선 철도를 이용하여 사상 처음으로 올림픽 공동응원에 나선다.

7. 남과 북은 인도주의 협력사업을 적극 추진해 나가기로 하였다. 남과 북은 흩어진 가족과 친척의 상봉을 확대하고 영상편지 교환사업을 추진해 나가기로 하였다.

이를 위해 금강산면회소가 완공되는데 따라 쌍방 대표단을 상주시키고 흩어진 가족과 친척의 상봉을 상시적으로 진행하기로 하였다.

남과 북은 자연재해를 비롯하여 비상사태가 발생하는 경우 동포애, 인도주의, 상부상조의 원칙에 따라 적극 협력해 나가기로 하였다.

8. 남과 북은 국제무대에서 민족의 이익과 해외 동포들의 권리와 이익을 증진하기 위한 협력을 강화해 나가기로 하였다.

남과 북은 이 선언의 이행을 위하여 남북총리회담을 개최하기로 하였으며, 제1차 회담을 2007년 11월 서울에서 개최하기로 하였다.

남과 북은 남북 관계 발전을 위하여 최고위급 당국자들이 수시로 회동하여 협의해 나가기로 하였다.

2007년 10월 4일

평양

노무현   김정일

대통령   국방위원회 위원장

대한민국   조선민주주의인민공화국

II. 권오규 부총리 겸 재정경제부 장관, 2007 남북정상회담 결과 발표

권오규 부총리 겸 재정경제부 장관은 2007년 10월 10일 한국언론
진흥재단이 주최한 남북경제협력포럼에서 경제 분야를 중심으로
2007 남북정상회담 결과를 발표했습니다.

1. 남북 경제협력 현황

2000년 제1차 남북정상회담 이후 DMZ를 통한 인적 교류와 남북
교역은 비약적으로 증가했습니다. 이러한 남북 교류 확대는 한반도
긴장 완화와 인도적 문제 해결을 통해 국가적 위험을 줄이는 데 기여했
습니다.

2000년 남북정상회담 이후 햇볕정책과 남북 평화번영정책을 채택하면서 남북 교류는 크게 확대되었습니다.

남북한 간 무역 규모는 1999년 3억 3천만 달러에서 2006년 13억 5천만 달러로 4배나 늘어났으며, 이로 인해 남한은 북한에 비해 두 번째로 큰 무역 상대국이 되었습니다.

국가별 북한 대외무역 비중

중국	한국	태국	러시아
39%	26%	8%	6%

2006년에는 남북을 오가는 사람의 수가 연간 10만 명을 넘어섰습니다.

남북한을 오가는 인원

1999	2004	2005	2006
5,661	26,534	88,341	101,708

남북 간 교통 서비스 운행 빈도도 점차 증가했습니다.

남북 교통 서비스 수

	2004	2006
선박	2,124	8,401
항공편	28	88
차량	61,514	124,124

남북 경제협력은 한반도 긴장 완화에 기여하여 한국 경제의 국가 리스크를 줄이는 데 기여했습니다.

북핵 문제로 남북 관계가 경색되었음에도 불구하고, 경제협력은 완만한 진전을 이루었고 남북 간 왕래도 꾸준히 확대되어 상황이 더 악화되는 것을 막았습니다.

그 결과, 무디스는 2007년 7월 25일 한국의 국가 신용등급을 A3에서 A2로 상향 조정했습니다. 무디스는 2월 13일 6자회담 합의 이행 이후 북한 관련 불확실성이 완화된 것을 신용등급 상향 조정 이유로 들었습니다.

식량, 비료, 의료품 등 남한의 인도적 지원은 북한 주민들의 고통을 덜어주는 데 도움이 되었습니다.

남북 경제협력은 북한 주민들에게 남한에 대한 이미지를 개선하는 데 기여했습니다.

남한 내 탈북민을 대상으로 한 조사에 따르면, 2000년에는 남한을 친구로 여기는 응답자(50.8% à 67.2%)가 증가했고, 남한을 적대시하는 응답자(49.2% à 32.8%)는 감소했습니다.

그러나 남북 경제협력 확대를 가로막는 장애물로는 군사·안보적 위험, 다른 경제권의 대북 경제제재, 군사적 보장 부족, 체제 개선 및 북한 주민 이해 부족 등이 여전히 남아 있다.

2. 2007 남북정상회담 결과

2007년 남북정상회담은 한반도 비핵화와 평화 정착에 대한 각국 정상의 의지를 확인하는 자리였습니다. 평화 정착을 기반으로 공동번영을 지향한다는 원칙 아래 남북 경제협력을 확대·발전시키고, 남북이 함께 윈윈(win-win)하는 구체적인 사업들을 추진하기로 합의했습니다. 그 결과, 과거 교류협력 수준에 머물렀던 남북 경제협력은 광범위하고 체계적이며 지속적인 추진을 이루어냈으며, 이는 향후 공동경제체제로 발전하는 발판이 될 것입니다.

A. 서해 평화협력특별지대 조성

한국 정부는 한반도 평화와 번영의 원동력이 될 수 있는 포괄적 사업으로 서해 "평화협력특별지대" 조성을 북한에 제안하고 합의했습니다.

이 사업은 구체적으로 공동어로구역 및 평화수역 설정, 해주항 경제수역 설정 및 활용, 민간선박의 해주 직항 통항, 그리고 한강하구 공동 이용 등을 포함합니다.

더 나아가, 북방한계선(NLL) 문제를 포함한 군사적 문제를 군사적 관점이 아닌 상호 경제적 이익을 중심으로 해결함으로써, 평화 정착과 공동번영의 선순환을 위한 체계적 틀을 마련할 것으로 기대됩니다.

B. 경협 분야 다각화

이번 정상회담은 경공업 중심이었던 남북 경협을 조선, 농업, 보건
의료, 환경보호, 과학기술, 자원개발 등 다양한 분야로 다각화하는 계
기를 마련했습니다. 개성공단과 금강산에 국한되었던 경협 기반을 해
주, 안변, 남포, 백두산까지 확대할 것입니다.

C. 경협 발전의 걸림돌 제거를 위한 첫걸음 내딛기

개성공단 관련 통행, 통신, 통관 등 전반적인 제도적 보장을 조속히
제공하기로 합의했습니다. 또한, 11월 국방장관회담을 개최하여 경협
사업과 관련된 군사 및 안보 보장 방안을 논의하기로 했습니다. 이를
통해 경협 발전의 걸림돌을 제거하고 제도적 문제를 해결하기 위한
첫걸음을 내디뎠습니다.

D. 경제협력 채널 강화

양 정상은 차관급으로 운영되는 현 남북경제협력추진위원회와 관
련하여, 향후 부총리급 실무진이 위원장을 맡는 남북경제협력공동위
원회로 격상하는 방안에 합의했습니다. 따라서 남북경제협력공동위
원회를 통해 2007년 남북정상회담 후속 조치 및 남북 경제협력 증진
을 위한 실질적인 방안들이 도출될 수 있을 것으로 기대됩니다.

3. 남북정상회담의 경제적 효과

• 대한민국

A. 국가 리스크 완화

2007년 남북정상회담에서 양국 정상은 한반도 평화 정착과 비핵화에 대한 의지를 명확히 밝혔습니다. 또한, 예측하지 못한 충돌 가능성이 여전히 남아 있는 서해상에 "평화협력특별지대"를 설치하기로 합의했습니다.

이러한 합의는 국가 리스크 감소에 긍정적인 영향을 미칠 것으로 예상됩니다. 결과적으로 국내적으로는 경제 불확실성 감소로 투자 심리가 개선되고, 대외적으로는 국가 신용등급 상향 가능성이 높아져 해외 자본 조달 여건이 개선되고 외국인 투자가 활성화될 것으로 기대됩니다.

B. 경제 활성화 모멘텀 창출

특구 확대, 조선단지 조성, 지하자원 개발 등 상호 호혜적인 경제협력 사업은 남한의 자본과 기술, 북한의 노동력, 토지, 자원 등 남북한의 비교적 풍부한 자원을 결합하는 과정에서 남한에 투자 기회를 창출할 것입니다.

특히, 한국은 중국과 일본 사이에 끼어 있는 만큼, 경제협력 사업은 남한 경제 활성화에 새로운 모멘텀을 제공할 것으로 기대됩니다.

예를 들어, 남한 조선 산업은 포화상태인 반면 중국의 인건비는 상승하고 있는 상황에서, 북한에 새로운 조선단지를 건설하는 것은 남한 조선 산업에 도움이 될 것입니다.

C. 경제협력의 재정적 부담 최소화

합의된 경제협력 사업은 정부 재정에 큰 부담을 주지 않고 추진될 수 있습니다. 경제특구 확장, 백두산 관광, 조선단지 조성 등 대부분의 사업은 민간 부문에 상업적으로 위탁 운영될 수 있습니다.

정부는 민간 부문이 어려움 없이 투자할 수 있도록 인프라를 제공하는 데 기여할 것입니다. 개성공단 1단계 개발의 경우, 한국토지공사, 한국전력공사, 한국통신은 제공한 토지, 전기, 통신 이용료를 징수하여 투자금을 회수할 수 있습니다.

이러한 사례를 고려할 때, 해주 경제특구와 개성공단 2단계 개발에 대한 정부의 재정 지출은 일부에서 주장하는 것처럼 그렇게 큰 비용이 들지 않을 것입니다.

또한, 민간 부문의 투자는 상당 기간 지속될 것입니다. 따라서 이러한 사업들은 정부에 큰 재정적 부담을 주지 않을 것입니다.

더 나아가, 정부 지출은 국회의 통제를 받기 때문에 예산 범위 내에서 제한될 것입니다.

• 북한

북한은 정상회담에서 한반도 평화와 비핵화에 대한 확고한 의지를 확인했습니다. 이를 통해 북한과 국제사회의 소통이 더욱 활발해질 것으로 기대됩니다.

남북 경협이 본격화되면 북한은 일자리 창출, 인력 양성, 수출 확대를 통해 경제 활성화의 기회를 얻게 될 것입니다.

한국은행은 북한의 실질 국내총생산(GDP)이 1990년부터 1998년까지 마이너스 성장을 기록했으나, 1999년 이후 플러스 성장으로 돌아섰고, 2006년에는 마이너스 1.1%로 다시 감소한 것으로 추정합니다.

• 동북아

남북 정상회담은 동북아 지역의 정치·군사적 긴장 완화와 지역 협력 가능성 제고에 기여할 것으로 기대됩니다.

양 정상이 합의한 일련의 경제협력 사업은 주변국과의 협력을 통해 추진될 것이며, 궁극적으로 동북아의 평화와 번영에 기여할 것입니다.

한반도 평화 구축과 통일을 위한 교회의 역할

기조연설

이재정 박사

통일부 장관

대한민국

http://www.doam.org/archive/textea/kncc/role2007_leejaej
oung_role_e.pdf

한반도 평화 구축과 통일을 위한 교회의 역할

서울, 2007년 8월 9일

신사숙녀 여러분,

먼저, 대부흥 100주년을 맞이하여 여러분 모두에게 진심으로 축하의 말씀을 전합니다.

또한 100주년을 기념하기 위해 이곳에 오신 해외 여러분들께도 감사드립니다.

오늘 우리는 한반도에서 일어났던 대부흥을 기념하고 그 정신을 되새기기 위해 이 자리에 모였습니다.

이 뜻깊은 자리에 여러분을 만나 뵙고 제 생각을 나눌 수 있어 영광입니다.

100년 전, 우리는 을사늑약으로 국권을 잃었고, 일본의 한국 점령이 심화되면서 국가는 심각한 상황에 직면했습니다.

국가적 위기 속에서 한국 교회들은 어떻게 이 상황을 타개할 수 있을지 고민했고, 그 결론은 복음 전파였습니다.

하나님의 힘과 새롭고 밝은 미래에 대한 소망으로 고통과 고난의 암울한 현실을 극복하는 것이었습니다.

성경 공부와 기도 모임이 활기를 띠었고, 사람들은 죄를 회개했으며, 용서와 영적 각성을 얻었습니다.

이러한 경험들은 한국 국민들이 해방에 대한 희망을 버리지 않도록 용기를 주었습니다.

그리고 이러한 경험들은 우리에게 36년간의 가혹한 식민지 지배를 견뎌낼 힘을 주었고, 큰 기쁨으로 독립의 날을 맞이하게 했습니다.

평양에서 시작된 대부흥 운동은 한반도 전역에 복음을 전파하는 데 중추적인 역할을 했습니다. 100년 전에 일어난 이 부흥 운동이 한국 기독교의 확산과 성장의 토대를 마련했습니다.

신사 숙녀 여러분,

대부흥 운동을 되돌아보면서 한반도의 100년을 함께 돌아봅시다.

한국에게 20세기는 밤과 낮이 뒤섞인 시간이었습니다.

36년간의 식민지 지배에 이어 3년간의 한국전쟁이 발발했습니다. 그 후 분단과 냉전은 반세기 넘게 한국의 사회 발전을 가로막았습니다.

하지만 우리는 모든 어려움을 극복하고 눈부신 경제 성장을 이루며 완전한 민주주의 국가로 발돋움했습니다.

한국의 1인당 국민소득은 1970년 254달러에서 2006년 18,372달러로 72배나 증가했습니다.

같은 기간 동안 GDP는 110배, 총 무역량은 227배, 수출량은 392배 증가했습니다.

전 세계 국토 면적의 0.1%에 불과한 작은 나라가 세계 무역량의 3%를 차지하는 경제 대국으로 성장했습니다.

게다가 한국은 대학 진학률, IT 산업, 자동차, 조선, 반도체 산업 등에서 세계 5위권에 속합니다.

전국 곳곳에서 포장도로와 인터넷 접속이 가능합니다.

그리고 경제 성장과 더불어 민주주의 또한 성숙해졌습니다.

한 정권에서 다음 정권으로의 평화로운 정권 이양은 이제 우리에게 당연한 것으로 여겨지고 있으며, 언론의 자유에는 사실상 한계가 없습니다.

국민에게 권력을 행사하던 권위주의 정권은 이미 오래전에 사라졌습니다. 이러한 상황에서 21세기 우리의 사명은 무엇일까요? 바로 한반도와 동북아시아에 평화를 정착시키고 민족 공동체를 형성하는 것입니다.

21세기의 가치는 "평화"이며, 그 목표는 "통일"입니다.

통일은 모든 한국인의 역사적 과제입니다.

통일은 분단으로 왜곡되고 오염된 역사를 회복하고 본래의 모습으로 되돌리는 과정입니다. 이러한 과제는 오늘 이 자리에 모인 우리 모두의 책임이자 사명입니다.

신사 숙녀 여러분,

평화란 정확히 무엇을 의미할까요?

평화는 통일로 가는 길에서 지켜야 할 원칙이자, 실현해야 할 가치이며, 우리의 정책 선택에 지침이 되는 기준입니다.

평화는 우리의 역사와 번영, 그리고 미래를 상징하기 때문에 더욱 중요합니다.

첫째, 평화는 우리의 역사입니다.

평화의 시간은 짧았지만 평화 없는 시간은 길었습니다.

하지만 평화를 향한 우리의 노력은 결코 멈추지 않았다는 것은 부인할 수 없습니다.

1972년 7·4 공동성명, 1992년 남북기본합의서, 2000년 6·15 공동선언, 그리고 2005년 9·19 공동성명은 평화를 향한 우리의 확고한 발걸음을 보여줍니다.

독재정권이든 군사정권이든 민주정부든 평화는 우리 모두가 추구하는 공동의 목표였습니다.

이는 우리 국민에게 평화가 어떤 의미를 지니는지 보여줍니다.

지금 우리는 평화 노력의 유산을 이어받기 위해 이 자리에 있습니다.

분단 이후 남북한과 국제사회는 "평화 합의"를 이루기 위해 다양한 노력을 기울여 왔습니다. 모든 국가는 체결된 합의를 존중하고 준수해야 합니다.

둘째, 평화는 번영을 의미합니다.

평화가 보장되지 않으면 경제 성장은 한계에 직면하게 될 것입니다.

경제는 예측 가능성을 선호하며, 불확실성은 싫어합니다.

어떤 사업가도 군사적 갈등 위험이 높고 정치 상황이 불안정한 국가에 투자하지 않을 것입니다. 또한 어떤 나라도 전쟁의 위험이 있는 상황에서 경제적 번영을 이룬 적이 없습니다. 한국 경제의 70%는 무역에 의존하고 있으며, 안보 시장의 외국인 지분율이 높습니다.

이는 한반도의 평화가 지속적인 경제 성장의 필수 조건임을 의미합니다.

평화를 향한 우리의 노력이 차질을 빚는다면, 우리가 개선하기 위해 노력해 온 경제 성과에도 분명 영향을 미칠 것입니다.

그런 점에서 평화를 수호하고 증진하기 위한 투자는 우리 경제에 대한 투자이며, 평화에 대한 헌신은 한국이 세계적인 리더로 도약하는 기반을 마련해 줍니다.

마지막으로, 평화는 우리의 미래입니다.

우리는 다음 세대에게 180만 명의 군인들이 치열하게 대립하는 분단 국가를 물려주어서는 안 됩니다.

우리는 다음 세대에게 가족이 헤어지고 양측 국민들이 서로를 헐뜯는 한반도를 물려주어서는 안 됩니다.

물론 평화통일은 우리만의 노력으로 이룰 수 있는 것이 아닙니다. 미국을 비롯한 국제사회의 협력이 필수적입니다. 이는 국제적인 문제이기 때문입니다.

다시 말해, 국제사회와의 긴밀한 협력 하에 평화적인 방식으로 통일을 이뤄야 합니다.

그래야만 우리 후손들이 전쟁의 두려움 없이 풍요로운 삶을 살아갈 수 있을 것입니다.

신사 숙녀 여러분,

한반도 평화로 가는 지름길은 공존의 지혜를 실천하는 것입니다.

남북이 서로를 계속해서 비난하고, 불신하고, 부정한다면 진정한 평화의 날은 결코 오지 않을 것입니다.

상생하기 위해서는 무엇보다도 서로를 인정하고 존중해야 합니다.

그러한 기반 위에서 화해와 협력을 통해 신뢰를 쌓아야 합니다.

더욱 강화된 신뢰는 화해, 공존, 공영의 새로운 시대를 열 것이며, 통일의 날은 그만큼 더 가까워질 것입니다.

다른 방법이 있다고는 생각하지 않습니다.

반세기 동안 지속된 대립과 적대의 결과는 무엇이었습니까?

남북한은 서로 대립하고 비난하면서 신뢰가 약해졌습니다.

그러나 새로운 세기를 맞이하며 우리는 대립과 적대의 시대를 종식시키고 공존, 화해, 협력을 증진하기 위한 노력을 시작했습니다. 그 출발점은 2000년 역사적인 남북 정상회담이었습니다. 남북 정상회담에서 남북은 과거를 뒤로하고 평화와 번영의 새로운 미래를 향해 한 걸음 나아가기로 합의했습니다.

화해와 협력을 위한 우리의 약속을 처음 시작한 지 7년이 넘었습니다. 2006년과 1996년을 비교하여 지난 10년간 어떤 일이 있었는지 보여드리고자 합니다.

지난해 남북한 방문객 수는 10만 1,708명으로, 1996년 146명에서 700배 증가했습니다.

남북한 교역액은 2006년 13억 달러를 기록했는데, 이는 1996년 2억 5천만 달러에서 5배 이상 증가한 수치입니다.

작년 한 해 동안 남북 선박의 국경 통과는 8,401회, 남북 대화는 23

회, 이산가족 상봉은 3,236회였습니다. 1996년에는 단 한 번도 없었습니다.

오늘날 사람들이 DMZ를 넘나들고 남북 군인들이 마주 보며 군사적 긴장을 완화하는 모습은 새로운 일이 아닙니다.

개성공단에서 1만 6천 명의 북한 노동자들이 만든 상품들이 서울의 시장에서 판매되고 있습니다.

금강산은 언제든 가고 싶을 때 갈 수 있는 관광지가 되었습니다. 하루에도 1,000명이 넘는 사람들, 200대의 차량, 30척의 선박이 남북을 오갑니다.

5월 철도 시험 운행은 반세기 넘게 끊어져 있던 육로, 해로, 상공의 남북 통로가 완전히 연결되었음을 보여주었습니다.

과거에는 상상만 할 수 있었던 것들이 이제 하나둘씩 현실이 되고 있습니다.

지난달 남북은 무역 거래를 기반으로 한 경공업 자원 공급과 광물 자원 공동개발에 합의했습니다.

이 사업은 호혜적 모델에 기반을 두고 있다는 점에서 매우 중요합니다. 양국 경제는 상호 보완적이며 남북 산업 협력 가능성을 높입니다.

특히 북한은 남한의 가격 메커니즘을 이해하고 수용했습니다.

이러한 성과는 정부 차원의 노력뿐 아니라 한반도의 평화, 화해, 협력에 대한 국민적 지지와 국제 사회의 지지 덕분에 가능했습니다.

수년간의 대립 끝에 북핵 문제는 마침내 비핵화를 위한 실행 단계에 접어들었습니다.

핵 문제가 진전됨에 따라 북미 관계 정상화를 위한 대화가 시작되었습니다. 미국의 대북 정책 변화는 양국 관계 정상화 논의를 촉발하고 있습니다.

이제 한반도를 둘러싼 세 가지 중요한 요인 모두에 "청신호"가 켜졌습니다.

한반도와 동북아에 굳건한 평화를 정착시킬 수 있는 역사적인 기회가 우리에게 다가오고 있다고 믿습니다.

신사 숙녀 여러분,

저는 남북 관계, 북핵 문제, 그리고 북미 관계가 변화하고 있다고 말씀드렸습니다.

이 가운데 남북 관계는 근본적인 관계입니다.

남북 관계의 진전 없이는 한반도와 동북아에 평화가 정착될 수 없습니다.

남북 관계의 진전 없이는 새로운 미래를 맞이할 수 없고, 급변하는 세계 환경에 효과적으로 대처할 수 없습니다.

이러한 측면에서 우리는 남북 관계 발전을 위해 주도적으로 행동하고 적극적인 조치를 취해야 합니다.

남북 교류와 협력을 전면적으로 가속화하여 남북 관계의 지속적이고 활기찬 발전을 위한 튼튼한 토대를 마련해야 합니다.

또한 핵 문제 해결 이후의 상황을 예견할 수 있는 통찰력도 필요합니다.

핵 문제 해결이 군사적 대립을 즉각적으로 해결하거나 한반도에 평화를 가져다주지는 않습니다.

이것이 바로 우리가 현재의 핵 문제를 넘어 더 넓은 관점에서 전략적 구상을 수립해야 하는 이유입니다.

남북 경제협력도 이와 같은 논리로 근본적인 변화부터 이루어져야 합니다.

우리는 고정관념을 깨고 남북 경제를 분리하는 것이 아니라 하나로 통합하는 단일 경제 공동체를 구축할 준비를 해야 합니다.

남북 경제협력 사업은 남한의 경제 발전 전략과 연계되어야 남북 경제가 상호 보완적으로 성장할 수 있습니다.

이를 바탕으로 평화를 위한 제도적 틀을 마련해야 합니다.

평화는 인류 보편적 가치이며, 한국인의 생사가 걸린 문제입니다.

남북한과 주변국, 그리고 주변국들 사이에 평화의 가치에 대한 공감대가 형성되어야 합니다. 이를 바탕으로 한반도 평화를 공고히 하고 항구적인 평화와 번영의 새로운 미래를 열어갈 제도적 틀을 마련해야 합니다. 신사숙녀 여러분, 한국기독교교회협의회(NCCK)는 1988년 2월 29일 중요한 선언을 발표했습니다.

그것은 바로 "조국통일과 평화에 관한 한국기독교교회협의회 선언"입니다.

교회의 통일운동에 있어 기념비적인 선언은 오늘날에도 여전히 유효합니다.

우리는 분단의 아픔을 함께 나누고 통일을 이루어 시대의 부르심에 응답해야 한다는 사명감이 필요합니다.

평화와 통일을 위한 교회의 개혁 운동, 평화와 통일에 대한 폭넓은 교육 활동, 그리고 선언이 명시하는 연대 운동의 지속은 우리가 지속적으로 추진해야 할 과제입니다.

기독교는 그 기본 신념이 "평화"라는 점에서 통일 운동과 불가분의 관계에 있습니다.

종교 운동을 통해 남북 화해의 가치를 실현하는 것은 대립과 적대라는 분단을 극복하는 통일을 추구하는 정신과 일맥상통합니다. 따라서 지금 우리에게 필요한 것은 단순한 종교적 교류가 아니라 평화와 화해를 위한 더욱 광범위한 노력입니다. 종교는 정치, 경제, 사회적 경계를 초월할 수 있습니다. 이는 남북 간의 진정한 화해와 신뢰 구축에 종교만큼 효과적인 것은 없다는 것을 의미합니다.

종교계, 특히 기독교계는 평화의 가치를 공동체와 한반도 전역에 전파함으로써 평화의 제도화에 적극적으로 기여해야 합니다.

신사 숙녀 여러분,

평화 과정은 이미 시작되었습니다.

길고 험난한 여정이지만, 우리는 냉전 시대로 후퇴할 수 없습니다. 냉전적 사고방식을 벗어나 서로를 이해하고 존중하며 포용하는 새로운 미래를 창조해야 합니다.

무엇보다 중요한 것은 평화에 대한 국민적 공감대입니다. 평화의 비전을 실현하기 위해서는 국민의 단합된 힘이 필수적입니다.

냉전의 잔재를 청산하고 남북 공동체를 형성하며, 한민족의 미래를 약속할 수 있는 것은 바로 평화를 향한 국민의 연대입니다. 하나된 뜻이 있는 곳에 길이 있습니다.

100년 전 대부흥의 의미를 되새기며, 하나님의 은혜가 이 땅에 충만하여 한반도와 세계 평화를 위한 새로운 역사가 시작되기를 기도합니다. 전능하신 하나님께서 우리의 기도와 소망을 들으시고, 그분의 축복으로 채워주시기를 기도합니다.

감사합니다.

부록 4

"한반도 평화와 통일을 위한 교회의 역할" 국제회의

"2007 한국 대부흥 100주년 기념 대회"

평화통일위원회

2007년 8월 9일 – 11일/서울 그랜드 힐튼 호텔

http://www.pcusa.org/worldwide/southkorea/kor_stmt.pdf

협의 성명
한반도의 평화와 통일을 위한 우리의 헌신

학회 의장 김삼환 목사	대회 사무총장 조성기 목사	공동 사회자 안재웅 목사	원장: 허문영 박사
코디네이터: 박성국 목사 skpark@kncc.or.kr	한국에큐메니칼빌딩 1203호 서울특별시 종로구 윤치동 110-736 대한민국	전화: +82 (0) 2 747-2003 휴대전화: +82 (0) 10 4841 0430 팩스: +82 (0) 2 747-2210	
주소: 기독교관 706호 136-46 서울특별시 종로구 윤치동 110-736 대한민국 전화: +82 (0) 2 763 7990 휴대전화: +82 (0) 10 4841 0430 팩스: +82 (0) 2 744 6189			

한반도 평화와 통일을 위한 우리의 약속

1907년 평양에서 시작된 한국 대부흥운동 100주년을 기념하여, 2007 한국 대부흥 100주년 기념대회 평화통일위원회가 주최한 국제회의가 2007년 8월 9일부터 11일까지 서울에서 열렸습니다. 이 회의에는 한국기독교교회협의회(NCCK)와 한국기독교총연합회(KCC)

소속 모든 교회가 참여하여 '한반도 평화와 통일을 위한 교회의 역할'을 논의했습니다.

한국과 아시아 및 전 세계 27개국의 교회와 에큐메니칼 단체를 대표하는 300명의 참석자들은 예배와 성경 공부에 참여하고, 강의를 듣고, 한반도의 평화 통일을 향한 지속적인 과정을 발전시키는 데 있어 교회의 책임에 대한 토론을 나누었습니다.

약 20년 전, 한국 교회는 '조국통일과 평화에 관한 한국교회 선언문'(1988년 2월)을 발표하며 담대한 발걸음을 내디뎠습니다. 이 선언에서 한국 교회는 평화의 사도로서 수고하라는 부르심을 고백했습니다(골로새서 3:15). "하나님께서 한국 교회에게 남북으로 갈라져 대립하는 오늘날의 혹독한 현실을 극복하는 사명을 맡기셨기에, 우리는 통일과 평화 실현을 위해 노력해야 할 의무가 있습니다(마태복음 5:23-24)."

당시에는 통일에 대한 논의 자체가 법적으로 처벌받을 수 있는 범죄로 여겨졌다고 세계교회협의회(WCC) 사무총장 사무엘 코비아 목사는 기조연설에서 지적했습니다. 그러나 교회는 화해와 치유를 위해 사람들을 동원하여 평화에 기여하는 환경을 조성했습니다.

존경하는… 대한민국 통일부 장관 이재정 박사는 기조연설에서 한국 교회가 일제 강점기의 암울한 현실 속에서도 새롭고 밝은 미래를 향한 하나님의 소망의 복음을 어떻게 전파했는지를 회고했습니다. 그는 대부흥 운동이 회개와 용서, 그리고 영적 각성의 정신을 불러일으키는 데 중요한 역할을 했다고 언급했습니다. 이 부흥 운동은 교회들이 신앙의 행위로 민족의 짐을 짊어지도록 영감을 주었습니다. 그는 '1988년 교회 선언'이 이러한 전통을 계승하여 현재 통일 정책의 기본 원칙을 확립하는 데 기여했다고 강조했습니다.

개회예배 설교에서 명성교회 담임목사이자 협의회 위원장인 김삼환 목사는 에스겔 37장 15-17절을 인용했습니다. 그는 참석자들에게 하나님께서 지난 20년 동안 교회와 함께하시며 분열 극복을 위한 노력을 지원해 오셨음을 상기시켰습니다. 지금까지 진행된 모든 협의와 선포된 선언들은 그 자체로는 힘이 없는 도구일 뿐입니다. 오직 평화를 주시는 하나님의 능력을 통해서만 우리는 통일의 충만하고 진정한 성취를 경험할 수 있습니다.

폐회 예배는 전 세계 모든 교회가 세계 평화, 특히 한반도의 평화와 통일을 위해 끊임없이 함께 기도하자는 호소를 강조했습니다.

한반도의 화해와 평화를 향한 노력은 많은 진전을 이루었습니다. 남북 교역, 개성공단, 금강산 관광, 이산가족 상봉, 철도 및 도로 연결 등 이 모든 것은 점진적이지만 꾸준한 상호 이해와 긴장 완화 과정을 증명합니다. 8월 말 제2차 남북 정상회담 개최 발표는 협의를 위해 모인 참가자들을 맞이했습니다.

하지만 대립의 먹구름은 아직 하늘에서 사라지지 않았습니다. 국제적인 긴장은 여전히 수그러들지 않고 있습니다. 아프가니스탄 인질 사태가 보여주듯이, 평화 구축은 때로는 큰 희생을 요구하는 위험한 작업입니다. 핵 문제는 아직 해결되지 않았습니다. 지역 평화 메커니즘이라는 목표는 여전히 달성 불가능한 과제입니다. 사람들의 마음에서 의심, 편견, 증오는 아직 사라지지 않았습니다.

평화를 이루려면 인내, 신뢰 구축, 새로운 생각, 새로운 접근 방식이 필요합니다. 평화 구축에는 모든 신앙 공동체의 지혜가 필요합니다.

이러한 정신과 건전한 겸손의 정신으로, 본 협의 참가자들은 다음과 같은 권고와 약속을 합니다.

I. 제2차 남북정상회담과 관련하여, 남북한 정부 및 기타 관련 정부들에게 다음을 촉구합니다.

1. 본 정상회담은 한반도 핵무기 비핵화 공약을 이행하고, 나아가 기존 정전협정을 대체하는 평화협정 체결을 통해 한반도 평화 정착으로 이어지도록 합니다.

2. 본 정상회담은 한반도 종합 경제개발 계획을 수립함으로써 남북한이 균형 잡힌 경제 발전을 이룰 수 있는 길을 열어줍니다.

3. 본 정상회담은 화해와 평화에 기여하는 교류 및 협력 사업을 추진함으로써 정치, 군사, 사회, 문화, 종교 등 모든 차원에서 교류를 활성화하고 확대하는 데 기여합니다.

4. 본 정상회담은 식량 지원 및 이산가족 상봉과 같은 인도적 지원에 대한 의지를 강화함으로써 조화로운 공존에 기여합니다.

5. 남북한 정부 관계자들은 이번 정상회담을 통해 통일을 향한 구체적이고 구체적인 조치를 실현할 수 있는 역사적인 기회를 포착합니다.

II. 한국 교회들에게 다음과 같이 권고합니다.

1. 성경적 '샬롬' 비전에 기반한 한반도 통일에 대한 명확한 이해를 바탕으로 연합합니다.

2. 평화와 통일의 신학적 토대를 마련하여 그리스도인들이 이 운동이 그들의 사명의 일부이며, 마땅히 그래야 함을 깨닫고, 분열과 깨어진 상황 속에서 화해와 치유의 공동체로서 교회가 된다는 것의 의미에 대한 인식을 넓힙니다.

3. 교파의 차이에 관계없이 모든 그리스도인, 성별이나 연령에 관계없이 모든 집단의 관계를 심화하고 강화하여 평화와 통일을 위해 함께 노력합니다.

4. 북한 주민들을 위한 자원 공유와 인도적 지원을 확대함으로써 특히 어린이와 여성과 같은 약자와 취약 계층의 고통 완화에 긍정적으로 기여합니다.

5. 다른 신앙을 가진 사람들과 시민사회 단체들이 평화와 통일이라는 공동의 대의에 동참합니다.

III. 전 세계 교회들에게 다음과 같이 권고합니다.

1. 교회들은 정기적으로 한국 교회와 국민들을 위해 기도해야 합니다.

2. 한반도의 평화와 통일은 전 세계적인 의미를 지닌 지역적 문제

임을 인식해야 합니다.

3. 6자회담에 참여하는 국가(남북한, 미국, 중국, 일본, 러시아)의 교회들은 세계교회협의회(WCC)가 교회들의 병행 회의를 추진하려는 움직임을 환영합니다. 동시에, 우리는 WCC가 북한사회개발컨소시엄(WCC, 아시아기독교협의회, NCCK)과 같은 더 넓은 세계 기독교 공동체의 협력과 기여를 증진할 것을 요청하고 장려합니다.

4. 교회들은 연대 네트워크와 평화 교육 강화 등을 통해 자국 정부와 공동체가 한반도의 평화와 통일을 옹호하도록 참여시켜야 합니다.

후기

어느 덧 박사 논문을 쓴 지도 15년이 지나갔다. 모교에서 가르친 시간도 15년이 된다. 정년 은퇴하려면 내년 한해가 남아 있다. 진정 감사한 마음과 아쉬운 마음이 든다. 하나님께 부름받아 그 하나님 말씀의 진선미를 나름대로 알아가고 행하려고 지금까지 달려온 것 같다. 이는 하나님의 은혜이며 주위의 가족들과 친지들의 도움이라고 생각한다. 때로는 하나님의 천사로 가장하여 나에게 도움을 준 많은 교우들이 생각난다. 정말 사랑의 빚진 자로 살아왔다. 떠오르는 그 많은 분들 중에 특별히 지금은 하늘 나라에 계시지만, 박사과정을 지도해 주신 이사시-디아즈 선생님의 말씀이 떠오른다. 박사논문처럼, 조국의 통일을 위해 살아가기를 바란다는 그 말씀이 . . . . .

처음에는 '하나님 나라의 윤리'라는 박사 논문의 내용 일부인 한국 신학들의 윤리적 가치들을 책으로 출간한 다음 그 후편으로 '땅의 윤리'로 라틴 아메리카 신학의 윤리적 요소와 가치들을 펴 낼 계획이었다. 그리고 끝으로 다른 글들과 함께 편성하여 한반도 평화와 통일윤리를 펴 내려고 하였다. 아마 실력 부족이었는지 땅의 윤리의 내용을 포함해서 한반도 통일과 통일윤리라는 책으로 이렇게 출간하게 되었다. 부족한 사람이 박사과정 때 쓴 이 글들이 한반도의 평화통일을 하나님의 선물로 받는 계기가 되기를 바라면서 또한 기독교인으로서의 작은 책임을 한 부분 담당하는 것이 되었으면 하는 생각이다.

새삼 10년이 넘은 글을 책으로 출간하면서 다시 보면서 부끄러움을 갖는다. 보다 더 열심히 연구하여 더 좋은 글을 썼어야 하는 데에서 오는 수오지심인 것 같다. 그럼에도 불구하고 새삼 그 때에 가졌던 그 통일에 대한 글들이 지금도 유효하게 와 닿은 것은 무엇일까? 내 자신의 측은지심이라고 본다. 친한 친구의 말이 떠오른다. 하나님이 기억하고 있는 것은 영생이 아닐까? 그 하나님의 기억에 한반도의 평화통일이 나에게는 영생으로 가는 한 길목이 되기를 바래본다.

25년 12월 10일, 성주산 연구실에서

박삼경

*추신: 논문 한글 번역은 전적으로 저자에게 있음을 밝혀 둡니다.

Bibliography

References in English
Texts

Primary Resources:

Boff, Leonardo. *Holy Trinity, Perfect Community*. Maryknoll, NY: Orbis Books, 2000.
______. *Trinity and Society*. Maryknoll, NY: Orbis Books, 1988.
______. *The Lord's Prayer*. Maryknoll, NY: Orbis Books, 1988.

Boff, Leonardo and Clodovis Boff. *Introducing Liberation Theology*. Maryknoll, NY: Orbis Books, 1987.
______. *Salvation and Liberation*. Maryknoll, NY: Orbis Books, 1984.

Gutiérrez, Gustavo. *We Drink From Our Own Wells*. Maryknoll, NY: Orbis Books, 1995.
______. *The God of Life*. Maryknoll, NY: Orbis Books, 1991.
______. *The Truth Shall Make You Free Confrontations*. Maryknoll: NY: Orbis Books, 1991.
______. *A Theology of Liberation,* Revised Edition. Maryknoll, NY: Orbis Books, 1988.
______. *The Power of the Poor in History*. Maryknoll, NY: Orbis Books, 1983.

Isasi-Díaz, Ada María. La Lucha Continues: *Mujerista Theology*. Maryknoll, NY: Orbis Books, 2004.
______. *Mujerista Theology*. Maryknoll, NY: Orbis Books, 1996.
______. *En la Lucha: In the Struggle*. Minneapolis, MN: Fortress Press, 1993.

______. Personal webpage : http://users.drew.edu/aisasidi/bioInfo.htm

Kim, Yong-Bok. *Messiah and Minjung.* Hong Kong: Christian Conference of Asia, 1992.

Noh, Jong-Sun. *The Third War.* Seoul, Korea: Yonsei University Press, 2000.

______. *Liberating God for Minjung.* Seoul, Korea: Hanul, 1994.

______. *God of Reunification: Toward a Theology of Reunification.* Seoul, Korea: Yonsei University, 1990.

______. *Religion and Just Revolution.* Seoul: Voice Press. 1987.

Park, Jong Chun. *Crawl with God, Dance in the Spirit.* Nashville, TN: Abingdon Press, 1998.

Secondary Resources:

Barbour, Robin, ed. *The Kingdom of God and Human Society.* Edinburgh, Scotland: T & T Clark Ltd., 1993.

Baum, Gregory. *Religion and Alienation.* Mahwah, NJ: Paulist Press, 1975.

Buswell Jr., Robert E. ed., *Religions of Korea in Practice.* Princeton, NJ: Princeton University Press, 2007.

Cumings, Bruce. *Korea's Place in the Sun: A Modern History.* New York, NY: W.W. Norton & Company, 1997.

De Gruchy, John W. *Reconciliation: Restoring Justice.* London: SCM Press, 2002.

______, and C. Villa-Vicencio, eds. *Doing Theology in Context.* Maryknoll, NY: Orbis Books, 1994.

Fabella, Virginia. ed., *Asia's Struggle for Full Humanity.* Maryknoll, NY: Orbis Books, 1980.

Fuellenbach, John. *Church: Community for the Kingdom.* Maryknoll, NY: Orbis Books, 2002.

Gardner, E. Clinton. *Justice and Christian Ethics.* Cambridge: Cambridge University Press, 1995.

Gibellini, Rosino, ed., *Frontiers of Theology in Latin America*. Maryknoll, NY: Orbis Books, 1979.

Hart-Landsberg, Martin. *Korea: Division, Reunification, and U. S. Foreign Policy*. New York, NY: Monthly Review Press, 1998.

Habermas, Ronald T. *Teaching for Reconciliation: Foundation and Practice of Christian Educational Ministry*. Grand Rapids, MI: Baker Books, 1997.

Hoose, Bernard, ed. *Christian Ethics: An Introduction*. Collegeville, Minnesota: The Liturgical Press, 1998.

Kang, Wi Jo. *Christ and Caesar in Modern Korea: A History of Christianity and Politics*. Albany, NY: State University of New York, 1997.
______. *Religion and Politics in Korea under the Japanese Ruling Power*. Seoul, Korea: The Christian Literature Society of Korea, 1976.

Kim, Dong-Sun. *The Bread for Today and the Bread for Tomorrow: The Ethical Significance of the Lord's Supper in the Korean Context*. New York: Peter Lang Publishing, 2001.

Lebacqz, Karen. *Justice in an Unjust World*. Minneapolis, MN: Augsburg Publishing House, 1987.

Lee, Jung-Young. *The Trinity in Asian Perspective*. Nashville, TN: Abingdon Press, 1996.
______. Marginality: *The Key to Multicultural Theology*. Minneapolis, MN: Fortress Press, 1995.
______, ed. *An Emerging Theology in World Perspective*. Mystic, CT: Twenty-Third Publications, 1988.
______. *The Theology of Change*. Maryknoll, NY: Orbis Books, 1979.

Lee, Ki-baik. *A New History of Korea*. Translated by Edward W. Wagner with Edward J. Shultz. Cambridge, Massachusetts: Harvard University Press. 1984.

Lee, Philip. *Communication, Reconciliation: Challenges Facing the 21st Century*. Geneva, Switzerland: WCC Publications 2001.

Maduro, Otto. *Religion and Social Conflicts*. Maryknoll, NY: Orbis Books, 1988.
______, and Marc H. Ellis, eds. The Future of Liberation Theology: Essays

in Honor of Gustavo Gutierrez. Maryknoll, NY: Orbis Books, 1989.

Marx, Karl and Friedrich Engels. *On Religion*. New York, NY: Schocken Books, 1964.

Miguez Bonino, José. *Toward a Christian Political Ethics*. Philadelphia, PA: Fortress Press, 1983.
_____. *Doing Theology in a Revolutionary Situation*. Philadelphia, PA: Fortress Press, 1975.

Minger, Ralph Eldin. *William Howard Taft and United States Foreign Policy: The Apprenticeship Years 1900-1908*. Chicago, IL: University of Illinois Press, 1975.

National Council of Churches in Korea, ed. *Minjung and Korea Theology*. Seoul, Korea: Korean Theological Institute, 1985.

Niebuhr, Reinhold. *Love and Justice: Selections from the Shorter Writings of Reinhold Niebuhr*. Edited by D.B. Robertson. Louisville, KY: Westminster Press, 1957.

Park, Andrew Sung. *The Wounded Heart of God: The Asian Concept of Han and the Christian Doctrine of Sin*. Nashville, TN: Abingdon Press, 1993.

Park, Kyung Seo. *Reconciliation Reunification: The Ecumenical Approach to the Korean Peninsula Based on Historical Documents*. Hong Kong: Christian Conference of Asia, 1998.

Pope-Levison, Priscilla and John R. *Levison. Jesus in Global Contexts*. Louisville, Kentucky: Westminster/John Knox Press, 1992

Pieris, Aloysius. *An Asian Theology of Liberation*. Maryknoll, NY: Orbis Books, 1992.

Sandler, Stanley. *The Korean War: No Victors, No Vanquished*. Lexington, Kentucky, 1999.

Schubeck, Thomas L. *Liberation Ethics: Sources, Models, and Norms*. Minneapolis, MN: Augsburg Fortress, 1993.

Segundo, Juan Luis. *Liberation of Theology*. Translated by John Drury. Maryknoll, NY: Orbis Books, 1976.

______. *Faith and Ideologies.* Maryknoll, NY: Orbis Books, 1984.

Snyder, T. Richard. *Divided We Fall: Moving from Suspicion to Solidarity.*

Louisville, KY: Westminster/John Knox Press, 1992.

Sterba, James P. *How to Make People Just: A Practical Reconciliation of Conceptions of Justice.* Totowa, NJ: Rowman & Littlefield, 1988.

Stueck,William. *The Korean War: An International History.* Princeton, NJ: Princeton University Press 1995.

Sunoo, Hak-Won. *Peace and Unification of North and South Korea.* Beverly Hills, CA: The Research Association for Juche Idea in U.S.A., 1989.

Suh, David Kwang-Sun. The Korean Minjung in Christ. Kowloon, Hong Kong: The Christian Conference of Asia, 1991.

Suh, Changwon. *A Formulation of Minjung Theology: Toward a Socio-Historical Theology of Asia.* Seoul: Nathan Publishing, 1990.

Taylor, Mark Kline. *Remembering Esperanza.* Maryknoll, NY: Orbis Books, 1990.

Tillich, Paul. *Love, Power and Justice.* New York: Oxford University Press, 1960.
______. Systematic Theology Vol. I. Chicago: The University of Chicago Press, 1951.

Tutu, Desmond. *No Future Without Forgiveness.* London: Rider, 1999.

Yang, Nak Heong. *Reformed Social Ethics and the Korean Church.* New York, NY: Peter Lang Publishing, 1997.

Young, Iris Marion. *Justice and the Politics of Difference.* Princeton, NJ: Princeton University Press, 1990.

Wink, Walter. *When the Powers Fall: Reconciliation in the Healing of Nations.* Minneapolis, MN: Fortress Press, 1998.

Journal Articles:

Ahn, Byung-Mu. "Jesus and the Minjung in the Gospel of Mark." In *Minjung Theology: People as the Subjects of History.* Edited by CTC-CCA, 138-152. Maryknoll, NY: Orbis Books: CTC-CCA, 1981.

Assmann, Hugo. "The Christian Contribution to Liberation in Latin America." In *Third World Liberation Theologies.* Edited by Deane William Ferm, 123-134. Maryknoll, NY: Orbis Books, 1987.

Brune, Lester H. "Recent Scholarship and Findings about the Korean War," *American Studies International 36, No. 3* (1998): 4-16.

Chung, Hyun Kyung. "Han-pu-ri: Doing Theology from a Korean Women's Perspective." In *Frontiers in Asian Christian Theology: Emerging Trends.* Edited by R. S. Sugirtharajah, 52-62. Maryknoll, NY: Orbis Books, 1994.

Hyun, Young-Hak. "A Theological Look at the Mask Dance in Korea." In Minjung Theology: People as the Subjects of History. Edited by CTA-CCA, 47-54. Maryknoll: NY Orbis Books, 1981.

Isasi-Díaz, Ada María, "Reconciliation: A Religious, Social, and Civic Virtue." *Journal of Hispanic/Latino Theology* (May, 2001): 5- 28.

Jennings Jr., Theodore W. "Transcendence, Justice and Mercy: Toward a (Wesleyan) Reconceptualization of God." In *Rethinking Wesley's Theology for Contemporary Methodism.* Edited by Randy L. Maddox, 65-82. Nashville, Abingdon Press. 1988

Kim, Jin Ho and Sookjin Lee. "A Retrospect and Prospect on the Korean Modernity And Minjung Theology." *PTCA* Consultation 2001.

Kim, Yong-Bok. "Korean Christianity as a Messianic Movement of the People." In *Minjung Theology: People as the Subjects of History.* Edited by CTC-CCA, 80-119.

Maryknoll, NY: Orbis Books: CTC-CCA, 1981.
_____. "Messiah and Minjung: Discerning Messianic Politics over against

Political Messianism." In *Minjung Theology: People as the Subjects of History*. Edited by CTC-CCA, 183-193. Maryknoll, NY: Orbis Books: CTC-CCA, 1981.

Lee, Young-Hoon. "Korean Pentecost: The Great Revival of 1907" *Asian Journal of Pentecostal Studies, Vol. 4* (2001): 73-83. http://dpark.files.wordpress.com/2006/08/01-1-yhlee.pdf

Park, Jong Chun. "Interliving Theology as a Wesleyan Minjung Theology." In *Methodist and Radical: Rejuvenating a Tradition*. Edited by Joerg Rieger and John J. Vincent, 165-180. Nashville, Tennessee: Abingdon Press, 2003.

Park, Kyu-Tae. "Ethics and Femininity in Korean and Japanese New Religions-Focusing on Chungsan'gyo and Tenrikyo." In *Women and Religion: Tenri International Symposium '98*. Edited by Center for Women and Religion, 159-171. Berkeley: The Graduate Theological Union, 2003.

Park, Soon-Kyung. "Theological Significance of Korean' Unification-Liberation." *Minjok-Tongshin*. (2004): 1-5.

Shin, Eun Hee. "The Sociopolitical Organism: The Religious Dimensions of Juche Philosophy." In *Religions of Korea in Practice*. Edited by Robert E. Buswell Jr., 517-533. Princeton: Princeton University Press, 2007.

Suh, David Kwang-Sun. "A Biographical Sketch of an Asian Theological Consultation." In *Minjung Theology: People as the Subjects of History*. Edited by CTC-CCA, 15-37. Maryknoll, NY:Orbis Books, 1981.

Suh, Nam Dong. "Toward a Theology of Han." In *Minjung Theology: People as the Subjects of History*. Edited by CTA-CCA, 55-69. Maryknoll: NY Orbis Books, 1981.
_______. "Historical References for a Theology of Minjung." In *Minjung Theology: People as the Subjects of History*. Edited by CTC-CCA, 155-182. Maryknoll: Orbis Books, 1981.

Yufan, Hao and Zhai Zhihai. "China's Decision to Enter the Korean War: History Revisited," *The China Quarterly No. 121* (1990): 94-115. http://www.jstor.org/stable/654064

References in Korean
Primary Resources:

Ahn, Byung-Mu. 『갈릴래아의 예수』, [*Jesus in Galilee – Jesus' Minjung Movement*]. Cheon An: Korean Theological Study Institute, 1990.

______. 『민중사건 속의 그리스도』, [*Christ in Minjung Event*]. Seoul: Korean Theological Study Institute, 1989.

______. 『민중신학이야기』, [*The Story of Minjung Theology*]. Seoul: Korean Theological Study Institute, 1988.

______. 『역사 앞에 민중과 더불어』, [*With Minjung in History*]. Seoul: Hangilsa, 1986.

______. 『민중운동과 민중신학』, [*Minjung Movement and Minjung Theology*]. In 『한국 민중신학의 전개』, [*The Development of Korean Minjung Theology*]. Edited by Korean Theological Institute. Seoul: Korean Theological Institute, 1990.

______. "예수와 오클로스", [*Jesus and Ochlos*]. In 『민중과 한국신학』 [*Minjung and Korean Theology*]. Edited by Korean Theological Institute. Seoul: Korean Theological Institute, 1985.

Hong, Jeong-Soo. 『베짜는 하나님』, [*God the Weaver*]. Seoul: Chomyung Press, 1991.

______. "한국인을 위한 상생의 영성", ["The Spirit of Sangsaeng for Korean People"]. In 『상생신학: 한국신학의 새 패러다임』, [*Sangsaeng Theology A New Paradigm of Korean Theology*]. Edited by Center for World Theology. Seoul: Chomyung Press, 1992.

______. "묻혀 있는 예수", ["Hidden Jesus: *Sangsaeng* Theology"]. In 『상생신학: 한국신학의 새 패러다임』, [*Sangsaeng Theology: A New Paradigm of Korean Theology*]. Edited by Center for World Theology. Seoul: Chomyung Press, 1992.

Kim Yong-Bock, 『한국민중의 사회전기』 [*The Social Biography of Minjung in Korea*] Seoul: Hangilsa, 1987.

Moon, Ik-Hwan. 『문익환 목사 전집』, [*A Complete Collection of Writings of Ik-Hwan Moon*]. Seoul: Sagejul, 1999.

______.『목매는 강산 가슴에 곱게 수놓으며: 늦봄 문익환목사의 옥중서신』, [*Keeping the Memory of Mountains in My Heart: Letters of Rev. Moon Ik-Hwan in Prison*]. Seoul: Sagejul, 1994.

______.『두 하늘 한 하늘』, [*Two Skies, One Sky*]. Seoul: Creativity and Critics Company, 1989.

Noh, Jong-Sun. 『통일신학을 향하여』, [*Toward a Theology of Reunification*]. Seoul: Hanul, 1988.

Park, Jong Chun. 『상생신학』, [*Theology of Sangsaeng*]. Seoul: Korean Theological Study Institute, 1991.

Park, Soon-Kyung. 『통일신학의 미래』, [*Future of Reunification Theology*]. Seoul: Sa Gae Jul, 1997.
______.『통일신학의 여정』, [*A Journey of Reunification Theology*]. Seoul: Hanul, 1992.
______.『통일신학의 고통과 승리』, [*The Suffering and Victory of Reunification Theology*]. Seoul: Hanul, 1992.

Suh, Nam Dong. 『민중신학의 탐구』, [*The Search for Minjung Theology*]. Seoul: Hangilsa, 1983.
______. 『전환 시대의 신학』, [*Theology in an Age of Transition*]. Seoul: Hangilsa, 1983.
______. "두 이야기의 합류", ["A Combination of Two Stories"]. In 『민중과 한국신학』, [*Minjung and Korean Theology*]. Edited by Committee of Theological Study, KNCC. Seoul: Korean Theological Study Institute, 1985.

Secondary Resources:

Ahn, Suck Mo. 『실천신학 방법으로서의 상생모델』, ["A Model of *Sangsaeng* as a Method of Practical Theology]." In 『상생신학: 한국신학의 새 패러다임』, [*SangsaengTheology: A New Paradigm of Korean Theology*]. Edited by Center for World Theology. Seoul: Chomyung Press. 1992.

Chae, Soo Il ed, 『희년신학과 통일희년운동』, [*Jubilee Theology and the Movement of Reunification Jubilee*]. Seoul: Korean Theological Study Institute, 1995.

Cho, Byung Ho. 『한국기독청년운동 100년사 산책』, [*A History of the Christian Student Movements in Korea*]. Seoul: The Written on Earth, 2005.

The Study Committee of Sharing in South and North ed, 『민족통일을 준비하는 그리스도인』, [*Christians who are preparing for National Reunification*], Seoul: Duranno, 1995.

Han, Wansang. 『지식인과 허위의식,』 [*Intellectuals and False Consciousness: A Critique of Contemporary Korean Society*]. Seoul: Minmunsa, 1980.
_____. 민중사회학, [Sociology of *Minjung*]. Seoul: Chongroseochuk, 1980.

JeungSanDo Committee, ed. 증산도 도전, [*JeungSanDo Dojeon*]. Seoul: Dae Won Press, 1993.

Korean Theological Study Institute, ed, 『1980년대 한국 민중신학의 전개』, [In *Development of Minjung Theology in the 1980s*]. Seoul: Korean Theological Study Institute, 1990.

Korean Theological Study Institute, ed. 『한국민중론』, [*Essays on Minjung*]. Seoul :Korean Theological Study Institute, 1984.

Korean Christian Academy, ed. 『한국민중신학의 연구』, [*A Study of the Minjung Theology in Korea*]. Seoul: Korean Christian Academy, 1983.

Korean Association of Christian Studies, ed. 『민족통일과 한국기독교』, [*The Korean Church and Unification*]. Seoul: Korea Inter-Varsity Press, 1994.

Korean National Council of Churches (KNCC) ed, 『남북교회의 만남과 평화통일신학』, [*Meeting with Churches of South-North Korea and Peaceful Tongil Theology*]. Seoul: The Institute of Korean Christian Social Problem, 1990.
Lee, Ki-Baik. 『한국사 신론』, [*A New History of Korean*]. Seoul: Il Jo Gak, 1999.

Lee, Man-Yul. 『한국기독교와 민족통일운동』, [*Korean Christianity and Korean Reunification Movement*]. Seoul: Korean Christian History Institute, 2001.

Lee, Sam Yul. 『기독교와 사회이념』, [*Christianity and Social Ideology*]. Seoul: Korean Theological Study Institute, 1986.

Min, Sung-Il. 『통일교실』, [*Lessons for Reunification*]. Seoul: Tolbaegae, 1991.

Sejeong Press & Plan, eds, 『알기쉬운 증산도 도전』, [*An Easy and Basic Doctrine of JeungSanDo*]. Seoul: Dae Won Press. 2000.

Shinwon Cultural Society, ed. 『최근 한중사전』, [*A Recent Korean-Chinese Dictionary*]. Seoul: Shinwon Cultural Society, 1995.

Suh, David Kwang-Sun. "A Socio-Biography of a Theologian in the Divided Korea." In 기독교와 주체사상: 『조국통일을 위한 남북 해외 기독인과 주체사상가의 대화』, [*Christian Faith and Juche Philosophy: Christian and Juchean Dialogue for Reunification of the Motherland 1989-92. Annual Conferences Collected Papers, Sermons and Prayers*]. Edited by The Association of Korean Christian Scholars in North America, Inc. Seoul, Korea: Faith and Intellect Inc., 1993.
_____. 『한국기독교 정치신학의 전개』, [*The Development of Political Theology in Korean Christianity*]. Seoul: Ewha Womens University Press, 1996.

Wang, Dae Il 『구약신학의 새 지평과 상생의 실천』, ["The Practice of *Sangsaeng* and a New Horizon of Old Testament"]. in 『상생신학: 한국신학의 새 패러다임』, [*Sangsaeng Theology: A New Paradigm of Korean Theology*]. Edited by Center for World Theology. Seoul: Chomyung Press. 1992.

Journal Articles:

Ahn, Byung-Mu. "하늘도 땅도 공이다", ["Heaven and Earth belong to all"] in 『신학사상』, [The Theological Thought]. (Summer 1986): 442-449.

Hong, Jeong-Soo. "상생의 신학과 한국교회의 미래", ["*Sangsaeng* (Life-Sharing) Theology and the Future of the Korean Church"] 『세계의 신학』, [*World Theology*]. (1990): 10-31.

Hong, Kun-Soo. "선교적 과제로서의 민족통일", ["National Reunification as Mission Task"]. *World of Faith* (1988): 40-43.

Jeong, Gyoung-Ho. "남북의 평화통일을 향한 상생의 윤리", ["Sangsaeng Ethics for Peaceful Reunification between North and South Korea"]. 『신학과 목회』, [*Theology and Ministry*] 20, (2003): 195-211.

Moon, Ik-Hwan. "남북통일과 한국교회", ["Reunification of North and South Korean Church"]. 173 『기독교사상』, [*Christian Thought*] (1972): 50-57.

Park, Soon-Kyung. "통일신학의 정초를 위하여", ["Toward the Foundation of Tongil Theology"]. 『기독교사상』, [*Christian Thought*]. (1990): 102-125.
______. "민족통일과 여성신학적 과제", ["National Reunification and Feminist Theological Tasks"]. 『기독교사상』, [*Christian Thought*] (1988): 120-132.

You, Chul. "증산도의 해원사상", ["The Theory of the Resolution of Bitterness and Grief in Jeung San Do"]. In 『증산도사상』, *The Journal of JeungSanDo Thought* No 5 Seoul: JeungSanDo Research Institute, (2001): 44-99.

Dissertations and Theses

Jeong, Gyoung Ho. "Korean Christian Ethics for Peaceful *Tongil* between South and North Korea." Ph.D. diss., Union Theological Seminary, 2002.

Mun, Paul Kyu Hyun. "Toward the Theology of Reunification: Korea." M.A. Thesis, Maryknoll School of Theology, 1989.

Tam, Yik Fai. "Toward a Theology of Companion and Communion – A Theological Reflection on the Transitional Period of Hong Kong on Its Way of Reunifying with China." M.A. Thesis, Maryknoll School of Theology, 1991.

Yoo, Kyoung-Dong. "Re-Visioning Reinhold Niebuhr's Christian Realism on the Road to Korean Unification." Ph.D. diss., Vanderbilt University, 2000.

Wilhelmy, Karen, C.S.J. "A Critical Study of the Spirituality of Liberation in the Writings of Gustavo Gutiérrez." M.A. Thesis, Maryknoll School of Theology, 1983.

※ 이 책은 2025년도 서울신학대학교 교내 연구비지원을 받아 출간 된 것임.

한반도 통일과 통일윤리

초판1쇄 발행 | 2025년 12월 25일

지은이 | 박삼경

펴낸이 | 이명권

펴낸곳 | 열린서원

등록번호 | 제300-2015-130호(1999년)

주소 | 강원특별자치도 화천군 간동면 용호길 73-155

전화 | 010-2128-1215

전자우편 | imkkorea@hanmail.net

ISBN | 979-11-89186-87-6(03340)

값 15,000원

※ 잘못 만들어진 책은 구입한 곳에서 교환해 드립니다.

※ 이 도서의 국립중앙도서관 출판사 도서목록은 e-CRP홈페이지

  (http://www.nl.go.kr/ecip)에서 이용하실 수 있습니다.